Beiträge zur Geschichte der deutschen Strafrechtspflege

Herausgegeben von

Dr. Max Grünhut und **Dr. Eberhard Schmidt**
Professor in Bonn — Professor in Hamburg

Heft 1

Friedrich-Wilhelm Lucht

Die Strafrechtspflege in Sachsen-Weimar-Eisenach unter Carl August

Berlin und Leipzig 1929
Walter de Gruyter & Co.
vormals G. J. Göschen'sche Verlagshandlung — J. Guttentag, Verlagsbuchhandlung
Georg Reimer — Karl J. Trübner — Veit & Comp.

Beiträge zur Geschichte der deutschen Strafrechtspflege

Herausgegeben von

Dr. Max Grünhut und **Dr. Eberhard Schmidt**

Professor in Bonn — Professor in Hamburg

Heft 1

Die Strafrechtspflege in Sachsen-Weimar-Eisenach unter Carl August

Von

Friedrich-Wilhelm Lucht

Berlin und Leipzig 1929.

Walter de Gruyter & Co.

vormals G. J. Göschen'sche Verlagshandlung — J. Guttentag, Verlagsbuchhandlung
Georg Reimer — Karl J. Trübner — Veit & Comp.

Druck von Walter de Gruyter & Co., Berlin W 10

Einleitung der Herausgeber.

Die neue Schriftenreihe, welche mit der nachfolgenden Abhandlung eingeleitet wird, verdankt ihre Entstehung der gemeinsamen Überzeugung der beiden Herausgeber und ihrer Mitarbeiter, daß auf dem Gebiete der Strafrechtsgeschichte eine Fülle wichtiger und neuer Aufgaben der Bearbeitung harren. Wenn dabei, dem Titel des Ganzen entsprechend, vorwiegend an eine Geschichte der deutschen Strafrechtspflege gedacht ist, so setzen sich damit unsere Arbeiten in mehrfacher Hinsicht ihre besonderen Ziele. Sie erstreben einmal eine einheitliche Gesamterfassung der Geschichte der Strafrechtsnorm, des Gerichtswesens und Verfahrensrechtes und des Vollzuges, nicht nur in seinen rechtlichen Formen, sondern in seiner tatsächlichen Durchführung. Sie versuchen in gleicher Weise den inneren Zusammenhang zwischen der Fortbildung des Rechtes und der Wandlung der wissenschaftlichen Gedanken über das Strafrecht deutlich zu machen. So sehr der Historiker sich hüten muß, um der verlockenden Harmonie willen voreilig geistige Zusammenhänge festzustellen, — gerade im Strafrecht müssen wir noch an vielen Punkten eine unhistorische Isolierung lebensvoller Zusammenhänge überwinden! Dabei soll der Blick über das rein Rechtliche hinaus auf die Wirkungen gelenkt werden, welche die Strafrechtspflege im sozialen Leben unseres Volkes ausgeübt hat. Soweit das gelingt, haben solche Untersuchungen ihren Wert als ein Stück deutscher Sozial- und Kulturgeschichte. Dem Juristen sind sie ein lehrreiches Anschauungsmaterial von eigentümlich gegensätzlicher Wirkung. Sie enthüllen die Geschichte der Strafrechtspflege — nach einem Wort von Adolf Wach — als ein »ergreifendes Dokument menschlichen Irrens im Suchen nach Wahrheit und Gerechtigkeit« und erfüllen uns doch nicht selten mit aufrichtiger Bewunderung für die Fülle tiefer menschlicher und richterlicher Erfahrung, welche oft genug hinter den uns unverständlichen Rechtsformen der Vergangenheit hervorleuchtet.

Alle derartigen Bemühungen sind dem Kriminalisten in besonderem Maße erschwert. Die notwendige Starrheit der begrifflichen Abstraktion im gegenwärtigen Strafrecht wird unversehens zum dogmatischen Vorurteil, mit dem man an die Geschichte herangeht. Der Schulenstreit wird für die Rechtsgeschichte zum Verhängnis, wo er bewußt oder unbewußt dazu verführt, nach historischen Beweisen zu suchen. Unrichtig ist schon die Überschätzung und Isolierung des materiellen Strafrechts, wie es uns seit der Aufklärung und den ihr folgenden Kodifikationen zur Selbstverständlichkeit geworden ist. Für historische Untersuchungen ist das ebensowenig der gegebene Ausgangspunkt wie für grundsätzliche rechtspolitische Betrachtungen. Zu vermeiden ist die in ihrer Übertreibung falsche Fragestellung nach dem Ursprung und der Entwicklung oder der mehr oder minder vollkommenen Ausbildung bestimmter, für unser heutiges strafrechtliches Denken typischer Begriffe. Wenn wir heute in der Verbrechenslehre von einer Dreiteilung in Handlung, Rechtswidrigkeit und Schuld ausgehen, so ist es zum mindesten eine Frage, ob das Recht und die Rechtswissenschaft zu allen Zeiten Verbrechenselemente in diesem differenzierten Sinn kannten oder etwa lediglich nach den — materiell und verfahrensrechtlich ineinandergehenden — Voraussetzungen dieser oder jener Strafe fragten.

Diese methodischen Gesichtspunkte erheben keinen Anspruch auf Originalität. Sie liegen bewußt oder unbewußt allen großen rechtshistorischen Arbeiten zugrunde. Nur haben sie sich im Strafrecht, namentlich für die Geschichte der Zeit nach der Carolina, über die beachtenswerten Ansätze der früheren Generation hinaus noch nicht genügend ausgewirkt. Die Herausgeber wollen daher mit dieser Sammlung einen neuen Anstoß zu Arbeiten auf diesem Gebiete geben. Sie haben es sich insbesondere zur Aufgabe gemacht, im Kreise ihrer Schüler die Freude an strafrechtshistorischen Studien zu wecken und aus ihnen für eine bestimmte Anzahl von Einzelfragen eine Reihe von Mitarbeitern zu gewinnen, die alle in der charakterisierten methodischen Einstellung ihre gemeinsame Grundlage haben. Auch vom pädagogischen Standpunkt erscheint es ratsam, den wissenschaftlich befähigten Anfänger vor eine historische Aufgabe zu stellen, so wie einer unserer ersten Kenner der deutschen Rechtsgeschichte, Rudolf Hübner, in einer rechtsgeschichtlichen Arbeit »einen oft sehr zweckentsprechenden Beginn der gelehrten Laufbahn« sieht.

So wollen die folgenden Einzeldarstellungen dem großen Bilde der deutschen Strafrechtsgeschichte neue Mosaiksteine einfügen. In diesem Ziel liegt ihre Rechtfertigung und ihre Grenze. Soweit der Ausschnitt im einzelnen territorial begrenzt ist, soll nicht aus der Kenntnis der Gesamtentwicklung das vorhandene Material zu einer

Lokalgeschichte ergänzt werden. Vielmehr gilt es umgekehrt, zu untersuchen, was sich aus lokal begrenztem und darum in seinen Einzelheiten übersehbarem Material an typischen Erscheinungen der Gesamtentwicklung erweisen läßt. Wenn es gelingt, in einer Reihe von Jahren hier eine Anzahl von solchen Einzelstudien zusammenzutragen, dann wird der Augenblick gekommen sein, wo eine Geschichte der deutschen Strafrechtspflege seit der Carolina neu geschrieben werden kann. Zu dieser entscheidenden Aufgabe wollen unsere Beiträge eine bescheidene Vorarbeit leisten.

Zur Drucklegung der ersten beiden Hefte hat das Thüringische Ministerium für Volksbildung den Verfassern einen Beitrag zu den Druckkosten bewilligt. Die Herausgeber sprechen auch an dieser Stelle für diese hochherzige Unterstützung ihren aufrichtigen Dank aus.

Bonn und Hamburg, Juni 1929.

Max Grünhut. Eberhard Schmidt.

Vorwort.

Die vorliegende Arbeit verdankt ihre Entstehung Fritz Hartungs ausgezeichneter Darstellung der innerpolitischen Entwicklung Sachsen-Weimar-Eisenachs unter Carl August. Hartungs kurze, mehr allgemein gehaltene Bemerkungen über die Strafrechtspflege der Jahre 1775—1828 veranlaßten den Verfasser zu den weiteren archivalischen Studien, die dieser Arbeit zugrunde liegen. Ihre Ergebnisse erheben nicht den Anspruch, dem bisherigen Bild der allgemeinen Entwicklung in den deutschen Mittel- und Kleinstaaten um die Wende des 18. zum 19. Jahrhundert grundlegende neue Erkenntnisse entgegenzustellen. Wohl aber erweist sich Sachsen-Weimar-Eisenach als ein anschauliches Beispiel für die unendlichen Schwierigkeiten, die zu überwinden waren, bis sich die kriminalpolitischen Reformforderungen der Aufklärung und die rechtsstaatlichen Ideen in der Praxis der Strafrechtspflege Geltung verschafften. Wenn dabei die Alltagssorgen der Strafjustiz und die mühsamen, oft von allzu bescheidenem Erfolge belohnten Reformversuche im alten Weimar geschildert werden, so sollte damit weniger der speziellen Thüringischen Geschichte, als dem Gesamtbild der Strafrechtsentwicklung in Deutschland gedient werden. Auf die Parallelen und Beziehungen zu den gleichzeitigen Verhältnissen in anderen deutschen Ländern weisen die Anmerkungen hin.

Besonderen Dank schulde ich meinem hochverehrten Jenaer Lehrer, Herrn Professor Grünhut in Bonn, dem allein ich die endliche Vollendung der vorliegenden Arbeit verdanke. Immer wieder stand er mir verständnisvoll zur Seite. Dank gebührt auch dem Herrn Direktor und den Beamten des Thüringischen Staatsarchivs zu Weimar, insbesondere meinem Freunde, Dr. Wilhelm Engel, die in jeder Beziehung die archivalischen Studien unterstützten. Ebenso bin ich dem Thüringischen Volksbildungsministerium zu großem Dank verpflichtet, da dieses erst durch einen größeren Zuschuß die Drucklegung ermöglichte.

Bonn, Juli 1929. Der Verfasser.

Vorwort

[illegible]

Inhaltsverzeichnis

Quellenverzeichnis.

I.
Archivalien.

Thüringisches Staatsarchiv Weimar, insbes.:

Abtlg. Rechtspflege,
„ Behörden,
„ Polizeisachen,
„ Landschaft und Landtag,
„ Wissenschaft und Kunst,
„ Präsidium.

Eisenacher Archiv, insbes.:

Abtlg. Polizeisachen,
„ ungeordnete Rechtssachen: Strafrecht 1772—1828.

Da die Bestände des Eisenacher Archivs archivalisch nur zu einem Bruchteil geordnet sind, mußte auf eine vollständige Durcharbeitung des gesamten Aktenmaterials dieses Archivs Verzicht geleistet werden. Die Länge der Aufschriften der berücksichtigten ungeordneten Bestände und der durch sie in Anspruch genommene Raum bedingte eine möglichste Einschränkung ihrer Zitierung, lediglich die wichtigsten und bemerkenswerten fanden Erwähnung. Soweit sich kein besonderer Vermerk bei dem im Text der Arbeit angegebenen Material befindet, handelt es sich um Bestände einer der angegebenen Abteilungen des Staatsarchivs zu Weimar.

II.
Literatur.

Abegg, Versuch einer Geschichte der Strafgesetzgebung und des Strafrechts der Brandenburg-Preußischen Lande. (In Zeitschrift für die Kriminalrechtspflege in den Preußischen Staaten von J. E. Hitzig. 1. Suppl.-Bd.) Berlin 1836.

(von Arnim), Bruchstücke über Verbrechen und Strafen oder Gedanken über die in den Preußischen Staaten bemerkte Vermehrung der Verbrecher gegen die Sicherheit des Eigentums. 1. und 2. Teil. (Anonym erschienen: Verfasser Albrecht Heinrich von Arnim, Königl. Preuß. Justizminister). Frankfurt u. Leipzig 1803.

L. von Bar, Handbuch des Deutschen Strafrechts. I. Bd.: Geschichte des deutschen Strafrechts und der Strafrechtstheorien. Berlin 1882.

Ferdinand Freiherr von Biedenfeld, Weimar. Weimar 1841.

Konrad Bornhak, Preußische Staats- und Rechtsgeschichte. Berlin 1903.

Codex Augusteus ed. Johann Christian Lünig. Leipzig 1724.

Karl Friedrich Eichhorn, Deutsche Staats- und Rechtsgeschichte. 4. Teil, 4. Auflage. Göttingen 1836.

Paul Johann Anselm Feuerbach, Die Aufhebung der Folter in Baiern in Themis oder Beiträge zur Gesetzgebung V, S. 237—270. Landshut 1812.

Reinhard Frank, Die Wolffsche Strafrechtsphilosophie und ihr Verhältnis zur criminalpolitischen Aufklärung im XVIII. Jahrhundert. Göttingen 1887.

Gensler, Kritik zur Oberappellationsgerichtsordnung in: Heidelbergische Jahrbücher der Literatur. 10. Jahrgang, 1. Hälfte. Heidelberg 1817.

F. v. Göckel, Sammlung Großherzoglich S.-Weimar-Eisenachischer Gesetze, Verordnungen und Circularbefehle in chronologischer Ordnung. 1. Teil (enthaltend die gesetzlichen Verordnungen, welche im Fürstentum Eisenach bis zum Ende des Jahres 1810 erschienen und noch gültig sind). Eisenach 1828. 2. Teil, 1. u. 2. Abt. (1811—1827). 1829, 1830. 3. Teil (1827—1832). Eisenach 1832.

Goethes Werke. Sophienausgabe, IV. Abtl., 27. Band. Weimar 1903.

Karl Gräbner, Die Großherzogliche Haupt- und Residenzstadt Weimar, nach ihrer Geschichte und ihren gegenwärtigen Verhältnissen dargestellt. 2. Auflage. Weimar 1836.

Großherzoglich Sachsen-Weimar-Eisenachisches Regierungsblatt. 1817—1828.

Max Grünhut, Anselm v. Feuerbach und das Problem der strafrechtlichen Zurechnung. (Hamburgische Schriften zur gesamten Strafrechtswissenschaft, Heft 3.) 1922.

L. Günther, Die Idee der Wiedervergeltung in der Geschichte und Philosophie des Strafrechtes. Erlangen 1891, Abtl. II. Erlangen 1895, Abtl. III, 1.

Ders., Die Strafrechtsreform im Aufklärungszeitalter. (Archiv für Kriminalanthropologie u. Kriminalistik, Bd. 28 (1907) S. 112—192 und 225—291.

Hugo Hälschner, Die Lehre vom Ehebruch und der Bigamie in geschichtlicher Entwicklung und nach der neueren insbesondere norddeutschen Strafgesetzgebung. (Gerichtssaal, 22. Jahrgang, 1870.) S. 401 ff.

Ders., Das preußische Strafrecht, 1. Teil: Geschichte des Brandenburgisch-Preußischen Strafrechtes. Bonn 1855.

Handwörterbuch der Rechtswissenschaft. (Herausgegeben von Stier-Somlo und Elster. 4. Band. Berlin, Leipzig 1927.)

Fritz Hartung, Das Großherzogtum Sachsen unter der Regierung Carl Augusts 1775—1828. (Aus: Carl August, Darstellungen und Briefe zur Geschichte des Weimarischen Fürstenhauses und Landes.) Weimar 1923.

August Hegler, Die praktische Tätigkeit der Juristenfakultäten des 17. und 18. Jahrhunderts in ihrem Einfluß auf die Entwicklung des Deutschen Strafrechtes von Carpzov ab. Freiburg, Leipzig, Tübingen 1899.

Bernhard Gottlieb Huldreich Hellfeld, Versuch einer Geschichte der landesherrlichen höchsten Gerichtsbarkeit und deren Hofgerichte in Sachsen, bes. des gesamt. Hofgerichtes zu Jena. 1781.

Eduard Hertz, Voltaire und die französische Strafrechtspflege im 18. Jahrhundert. Stuttgart 1887.

R. von Hippel, Beiträge zur Geschichte der Freiheitsstrafe. (Zeitschrift für die gesamte Strafrechtswissenschaft Bd. XVIII, 1897.) S. 419—494, 606—666.

Ders., Deutsches Strafrecht. I. Band: Allgemeine Grundlagen. Berlin 1925.

Friedrich Holtze, Geschichte des Kammergerichtes in Brandenburg-Preußen. (Beiträge zur Brandenburg-Preußischen Rechtsgeschichte V.) Berlin, Teil 3, 1901, Teil 4, 1904.

Kade, Umschwung in Strafe und Strafvollzug im XVIII. Jahrhundert. Berlin 1908.

Immanuel Kant, Beantwortung der Frage: Was ist Aufklärung? (Werke, Ausgabe Ernst Cassierer, Band IV, S. 169ff.) Berlin 1913.

Landesordnung. (Benutzt): fürstl. Sächs. abermals verbesserte Landesordnung vom Jahre 1667.

Ernst Landsberg, Geschichte der deutschen Rechtswissenschaft. III, 1. München, Leipzig 1898. (Aus Geschichte der Wissenschaften in Deutschland.)

Paul Lenel, Badens Rechtsverwaltung und Rechtsverfassung unter Markgraf Friedrich 1738—1803. (Freiburger Abhandlungen aus dem Gebiete des öffentlichen Rechts, Heft XXIII.) 1913.

Adolf Lobe, Ursprung und Entwicklung der höchsten sächsischen Gerichte. Ein Beitrag zur Geschichte der sächsischen Rechtspflege. Leipzig 1905.

Richard Loening, Über geschichtliche und ungeschichtliche Behandlung des deutschen Strafrechtes. Antrittsrede, gehalten zu Jena am 29. April 1882. (Zeitschrift für die gesamte Strafrechtswissenschaft Bd. III, 1883.)

Julius Friedrich Malblank, Geschichte der peinlichen Gerichtsordnung Kaiser Karls V. von ihrer Entstehung und ihren weiteren Schicksalen bis auf unsere Zeit. Nürnberg 1783.

Mittermaier, Zum Entwurf eines neuen Strafgesetzbuches für das Großherzogtum Sachsen-Weimar-Eisenach. Zwei Briefe aus dem Jahre 1822 (abschriftlich in Akte B 2400.)

Hans Neufeld, Die friederizianische Justizreform bis zum Jahre 1780. (Diss. Göttingen 1910).

Alfred Freiherr von Overbeck, Das Strafrecht der französischen Enzyklopädie. Ein Beitrag zur Geschichte der Aufklärung im achtzehnten Jahrhundert. (Freiburger Abhandlungen aus dem Gebiete des öffentlichen Rechtes, Heft 1.) Karlsruhe 1902.

Paul Pollitz, Strafe und Verbrechen. (Geschichte und Organisation des Gefängniswesens.) Leipzig 1910.

Gustav Radbruch, Die peinliche Gerichtsordnung Kaiser Karl V. v. 1532. (Karolina.) Leipzig.

Ernst Rosenfeld, Zur Geschichte der ältesten Zuchthäuser. (Zeitschrift für die gesamte Strafrechtswissenschaft, Bd. XXVI, S. 1ff.) 1906.

Eduard Rosenthal, Geschichte des Gerichtswesens und der Verwaltungsorganisation Bayerns, Bd. 1. Würzburg 1889, Bd. 2. 1906.

Eberhard Schmidt, Die Kriminalpolitik Preußens unter Friedrich Wilhelm I. und Friedrich II., Berlin 1914. (Abhandlungen des kriminalistischen Instituts an der Universität Berlin. 3. Folge, 1. Band, 2. Heft.)

Johannes Schmidt, Ältere und neuere Gesetze, Ordnungen und Circularbefehle für das Fürstentum Weimar und für die Jenaische Landesportion in alphabetisch wörtlichem Auszug. 1.—10. Bd., 1800—1805. 11. Bd. angefangen von Joh. Schmidt, vollendet und herausgegeben von Carl Leopold Wilhelm Schmidt, »enthaltend die Ordnungen und Befehle von 1805 bis 1810 incl.«, 1819.

Christian Wilhelm Schweitzer, de iudicio criminali Vimariensi exercitatio prima. Jena 1811.

Ders., Öffentliches Recht des Großherzogtums Sachsen-Weimar-Eisenach. 1. Teil. Weimar 1825.

F. C. v. St., in: Jenaische Allgemeine Literaturzeitung, 14. Jahrgang, 1. Bd., 1817, Nr. 52 u. 53, zur Oberappellationsgerichtsordnung.

O. Stobbe, Geschichte der deutschen Rechtsquellen. 2. Abtl. Braunschweig 1864. (Geschichte des deutschen Rechtes in 6 Bänden, 1. Band, 2. Abtl.)

Adolf Stölzel, Brandenburg-Preußens Rechtsverwaltung und Rechtsverfassung. II. Band. Berlin 1888.

Ders., Carl Gottlieb Svarez. Ein Zeitbild aus der zweiten Hälfte des achtzehnten Jahrhunderts. Berlin 1885.

Ders., Fünfzehn Vorträge aus der Brandenburg-Preußischen Rechts- und Staatsgeschichte. Berlin 1889.

Christof Karl Stübel, Das Kriminalverfahren in den deutschen Gerichten mit besonderer Rücksicht auf das Königreich Sachsen. Leipzig. 1.—5. Band. 1811.

Bernhard Suphan, Goethe im Konseil. (Vierteljahrsschrift für Literaturgeschichte, Bd. VI, S. 597ff.) Auch Akte B 3672b.

Über die Einführung des Bayrischen Strafgesetzbuches in Weimar mit Betrachtungen über den Wert dieses Gesetzbuches. (Neues Archiv des Kriminalrechtes, II. Bd., 1. Stück, Halle 1818.) Herausgegeben von Kleinschrod, Konopak und Mittermaier.

Max Vollert, Der Schöppenstuhl zu Jena, 1588—1882. Zeitschrift für Thüringische Geschichte und Altertumskunde. 28. Bd. Heft 1. 1928.

von Voltelini, Die naturrechtlichen Lehren und die Reformen des 18. Jahrhunderts. (Historische Zeitschrift, Bd. 105, S. 65—104.)

Christian Gottlieb Wabst, Historische Nachricht von des Churfürstenthums Sachsen und derer dazugehörigen Lande jetziger Verfassung der hohen und niederen Justiz. Leipzig 1732.

Karl Eberhard Wächter, Über Zuchthäuser und Zuchthausstrafen. Stuttgart 1787.

Karl Georg von Wächter, Beilagen zur Vorlesung über das deutsche Strafrecht. Einleitung und Allgemeiner Teil. Leipzig 1881.

Ders., Gemeines Recht Deutschlands, insbesondere Gemeines Deutsches Strafrecht. Leipzig 1844.

H. B. Wagnitz, Historische Nachrichten und Bemerkungen über die merkwürdigsten Zuchthäuser in Deutschland (nebst einem Anhange über die zweckmäßigste Einrichtung der Gefängnisse und Irrenanstalten.) Halle, 1. Band 1791, 2. Band 1792/94.

Weimarische Landtagsverhandlungen I, II, III, IV (1817/19, 1821, 1823, 1826).

Weimarisches offizielles Wochenblatt, 1811—1816.

Weisse, Lehrbuch des Königlich sächsischen Staatsrechts, Bd. II. Leipzig 1824.

Ferdinand Willenbücher, Die strafrechtsphilosophischen Anschauungen Friedrichs des Großen. Ein Beitrag zur Geschichte der kriminalpolitischen Aufklärung im achtzehnten Jahrhundert. (Heft 56 der strafrechtlichen Abhandlungen, begründet von Bennecke.) Breslau 1904.

Friedrich Wintterlin, Geschichte der Behördenorganisation in Württemberg. Stuttgart 1. Band 1904, 2. Band 1906.

Karl Salomo Zachariä, Annalen der Gesetzgebung und der Rechtswissenschaft in den Ländern der Churfürsten von Sachsen. 1. Bd. 1806: Über das Recht des Gerichtsherrn in Chursachsen, den Gerichtsverwalter willkürlich zu entlassen.

Karl von Zahn, Karl Ferdinand Hommel als Strafrechtsphilosoph und Strafrechtslehrer. Einleitung zur Geschichte der strafpolitischen Aufklärung in Deutschland. Leipzig 1911.

Einleitung[1].

Als erster deutscher Fürst verbietet Friedrich II. von Preußen unmittelbar nach seinem Regierungsantritt für die meisten Verbrechen die Anwendung der Folter, deren Gebrauch die Praxis der letzten Jahrhunderte übermäßig gesteigert hatte. 1754 beseitigt er sie restlos. Es ist der Auftakt zu einer Justizreform, die zu dieser Zeit noch vereinzelt dasteht. Sie ist durchdrungen von dem Gedanken größter Milde und Humanität. Sie richtet sich gegen die allzu harten und grausamen Strafen des Mittelalters ebenso wie gegen die Verknüpfung von Theologie und Jurisprudenz, die noch die ersten Jahrzehnte des 18. Jahrhunderts und die Regierungszeit Friedrich Wilhelms I. kennzeichnet und ihren Ausdruck in den harten Strafdrohungen gegenüber allen Religions- und fleischlichen Vergehen, ihren Höhepunkt aber in der Vorstellung von Verbrechen und Strafe als Sünde und Sündenvergeltung findet. Endlich ist diese ganze Bewegung von der Tendenz erfüllt, der herrschend gewordenen richterlichen Willkür Einhalt zu gebieten und eine unabhängige und unparteiische Rechtspflege zu gewährleisten.

Auf dem Wege über vielfache vereinzelte Maßnahmen findet die Reform 1794 in dem Allgemeinen Preußischen Landrecht ihren Abschluß und ihre Krönung: in dem dort zur praktischen Ausführung gebrachten Grundsatz der Verhältnismäßigkeit von Verbrechen und Strafe, in der tunlichsten Bestimmtheit der einzelnen gesetzlichen Vorschriften, in der Anerkennung des Satzes: Nullum crimen sine lege und des hierdurch bewirkten Ausschlusses richterlicher Willkür wie in dem deutlichen Bestreben, zwischen den Forderungen des

---

1) von Hippel, Deutsches Strafrecht S. 256 ff.; von Voltelini, Die naturrechtlichen Lehren und die Reformen des 18. Jahrhunderts; Frank, Die Wolffsche Strafrechtsphilosophie, insbesondere S. 55 ff.; Malblank, Geschichte der peinlichen Gerichtsordnung Kaiser Karls V. S. 232 ff.; Kants Aufsatz über die Frage: Was ist Aufklärung? An Einzeldarstellungen wurden vorzüglich Willenbücher, Die strafrechtsphilosophischen Anschauungen Friedrichs des Großen; Schmidt, Die Kriminalpolitik Preußens unter Friedrich Wilhelm I. und Friedrich II.; Hertz, Voltaire und die französische Strafrechtspflege im 18. Jahrhundert, sowie Günther, Die Strafrechtsreform im Aufklärungszeitalter und derselbe, Die Idee der Wiedervergeltung S. 161 ff., 209 ff. zugrunde gelegt.

Staatsgedankens und dem Wohl des einzelnen Bürgers einen billigen Ausgleich zu finden.

Während Friedrich innerhalb Deutschlands zunächst noch allein steht und seinen Zeitgenossen weit vorauseilt, gerade hierdurch aber einen entscheidenden Einfluß auf die Entwicklung in den deutschen Landen gewinnt, ringen Außerdeutsche um das gleiche Ziel: In Frankreich veröffentlicht Montesquieu[2]) 1721 seine Lettres persanes. Sie sind getragen von beißendem Spott gegen Staat und Religion. Ein Vierteljahrhundert später folgt der Esprit des lois und die hier vertretene Lehre der Gewaltenteilung im Staatsgefüge. Voltaire[3]) führt in Wort und Schrift, in den öffentlichen Blättern und Zeitungen den Kampf gegen Willkür und Unrecht, welche die Mißstände der französischen Strafrechtspflege ins Unerträgliche gesteigert hatten. Mit besonderem Stolz schreibt er sich die Rehabilitation unschuldiger Opfer der Justiz als Erfolg seines Einschreitens zu. 1764 endlich läßt des Marchese Cesare di Beccaria[4]) Schrift »Von Verbrechen und Strafen« erfolgheischend die Menschheit aufhorchen, von Montesquieu beeinflußt und selbst wieder von stärkstem Einfluß auf Voltaire. Gemeinsam verwerfen sie den religiösen Vergeltungsgedanken, jene Idee einer Beleidigung Gottes durch das von einem Menschen begangene Verbrechen, jenen Gedanken, der sich die Strafe als einen nach göttlichem Gebote zu vollziehenden Gerechtigkeitsakt vorstellt. Milde, aber auch desto unausbleiblichere Strafdrohungen erscheinen besser und begehrenswerter als die harten und grausamen des Mittelalters. Der Vorzug der Präventivmaßnahmen kommt zum Ausdruck. Neue Strafgesetze und die Abwendung aller richterlichen Willkür sind Forderungen, die um des Wohles des Volkes wie des einzelnen Staatsbürgers willen erhoben werden. Verworfen wird auch der Gebrauch der Folter, nach Beccaria »ein sicheres Mittel, kräftige Schuldige freizusprechen und schwache Unschuldige zu verurteilen«[5]). Das Mißtrauen gegen die Unparteilichkeit der rechtsprechenden Organe fordert Öffentlichkeit des peinlichen Verfahrens.

Vor allem Beccarias Werk ruft in Deutschland, nicht minder als im übrigen Europa einen Sturm der Begeisterung hervor. Seine Forderungen erfüllen die nächsten Jahrzehnte und rücken die Umgestaltung der Strafgesetzgebung in den Mittelpunkt aller wissen-

---

[2]) 1689 bis 1755.
[3]) 1694 bis 1778.
[4]) 1738 bis 1794.
[5]) Ausgabe von M. Waldeck S. 40.

schaftlichen Erörterungen. Die Folge ist eine Flut von Schriften, für und wider, bedeutend und unbedeutend, mehr oder weniger überzeugend: Noch 1765 bekämpft der kursächsische Professor und Rat Karl Ferdinand Hommel[6]) vor dem gesamten Hofe zu Leipzig die Berechtigung der Todesstrafe wie der Anwendung des mosaischen Rechts. In Österreich stellt sich der Staatsrechtlehrer von Sonnenfels[7]) an die Spitze der neuen Bewegung, und 1774 eröffnet der Göttinger Professor Clapproth[8]) mit seinem »ohnmaßgeblichen Entwurf eines Gesetzbuches« die Reihe der zahlreichen Veröffentlichungen, die sich von nun an Jahr für Jahr mit dem gleichen Gedanken befassen. Der Flug der Gedanken ist so stark, die Bewegung, die von der Teilnahme der Öffentlichkeit getragen wird, so groß, daß sich ihr die Fürsten und ihre Berater nicht mehr verschließen können. Jetzt wird Friedrich II. das große Vorbild des ausgehenden Jahrhunderts. Es beginnen die Jahrzehnte der Aufklärung: Jene Jahre des Übergangs vom Feudalstaat zum modernen Staatsgefüge des 19. Jahrhunderts, jene Zeit endlicher, endgültiger Abschüttelung letzter dem Mittelalter entstammender Elemente und des allmählichen Übergangs zum Rechtsstaatsgedanken der Neuzeit.

Inmitten dieser Zeit der Gärung und Unruhe, der Übergänge und Kontraste, der Versuche und Bemühungen, erkannte Mängel abzustellen, Fehler zu beseitigen und an die Stelle des Vorhandenen Neues zu setzen, zehn Jahre nach dem Erscheinen von Beccarias Schrift, übernimmt Carl August, neunzehnjährig, am 3. September 1775 die Herrschaft über die ihm vererbten Lande, die beiden Fürstentümer Weimar und Eisenach sowie die Jenaer Landesportion, auch er gewillt, sich mit den Forderungen des Zeitalters auseinanderzusetzen und dem Vorbild des großen Preußenkönigs nachzueifern.

---

[6]) 1722 bis 1781. Über ihn Landsberg, Geschichte der Deutschen Rechtswissenschaft III, 1, S. 394 ff. und von Zahn, K. F. Hommel als Strafrechtsphilosoph und Strafrechtslehrer.

[7]) 1733 bis 1817, Landsberg a. a. O. S. 401 ff.

[8]) 1728 bis 1805, Landsberg a. a. O. S. 407 ff.

I. Abschnitt:

Der Zustand der Kriminalverfassung Sachsen-Weimar-Eisenachs bei dem Regierungsantritt Carl August's und die Entwicklung und Reformversuche bis zum Jahre 1805.

I. Kapitel.

Die Gerichtsverfassung [1]).

Die Ausübung der Strafgerichtsbarkeit liegt gegen Ende des 18. Jahrhunderts in der Hand der Ämter und Patrimonialgerichte sowie der beiden Landesregierungen und des Jenaer Schöppenstuhls. Lediglich bei dem Schöppenstuhl handelt es sich um ein reines Justizorgan, alle übrigen — die Untergerichte nicht minder als die Weimarer und Eisenacher Regierung — sind zugleich Justiz- und Verwaltungsbehörden.

Die Ämter [2]) und Patrimonialgerichte [3]) stehen nebeneinander und sind völlig gleichgeordnet, aber sie unterscheiden sich dadurch, daß jene staatliche Behörden, ihre Leiter Beamte des

1) Schweitzer, Das öffentliche Recht des Großherzogtums Sachsen-Weimar-Eisenachs; Hartung, Das Großherzogtum Sachsen unter der Regierung Carl Augusts S. 117 (S. 106 bezieht sich lediglich auf die Organisation der zivilen Gerichtsbarkeit); ferner als Vergleichsmaterial für Bayern: Rosenthal, Geschichte des Gerichtswesens und der Verwaltungsorganisation Bayerns Bd. II; für Württemberg: Wintterlin, Geschichte der Behördenorganisation in Württemberg Bd. I; für Sachsen: Wabst, Historische Nachricht von des Churfürstentums Sachsen und derer zugehöriger Lande jetziger Verfassung der hohen und niederen Justiz; Lobe, Ursprung und Entwicklung der höchsten sächsischen Gerichte; Stübel, Das Kriminalverfahren in den deutschen Gerichten mit besonderer Rücksicht auf das Königreich Sachsen Bd. 1 bis 5 und Weiße, Lehrbuch des Königl. Sächsischen Staatsrechts Bd. II; für Baden: Lenel, Badens Rechtsverwaltung und Rechtsverfassung unter Markgraf Friedrich und für Preußen besonders Bornhak, Pr. Staats- und Rechtsgeschichte sowie Holtze, Geschichte des Kammergerichts in Brandenburg-Preußen, Teil 3 und 4; in sämtlichen Ländern finden sich vielfache Parallelen (vgl. die weiter unten im Text angeführten Anmerkungen).

2) B. 2406 und Schweitzer a. a. O. 152 ff.

3) B. 4910a, B. 5453 und Schweitzer a. a. O. 156 ff., 165 ff., auch Zachariä, Annalen der Gesetzgebung und der Rechtswissenschaft in den Ländern des Churfürsten von Sachsen I. Bd. S. 348 ff.

Staates sind und damit unter der unmittelbaren Aufsicht der Landesregierungen, diese dagegen im Privateigentum des einzelnen Gerichtsherrn — vererblich und veräußerlich — und nur mittelbar unter der Aufsicht des Staates stehen. Ursprünglich gehörten zur Kompetenz der Ämter nur die Verwaltung der landesherrlichen Gerechtsame zusammen mit der Gerichtsbarkeit. Mit der Ausbildung des Staatsgedankens in den deutschen Ländern erhalten sie auch in Sachsen-Weimar-Eisenach einen weit größeren Wirkungskreis: Alle Tätigkeiten, welche der Staat an sich zieht, werden in der Lokalverwaltung zunächst den Amtleuten, einem jeden innerhalb seines Bezirkes, übertragen. Um 1775 findet sich diese große Kompetenzsphäre in Weimar und in Eisenach nicht mehr, vorzüglich ist die Verwaltung der Domänen und nutzbaren Regalien in die Hand besonderer Rentämter gelegt[4]). Geblieben ist indeß der Charakter einer Verwaltungs- und Justizbehörde: Der Amtmann ist in seinem Amtsbezirk zugleich oberster Richter und oberster Polizeiherr, seine richterlichen Befugnisse sind zugleich zivil- und strafrechtlicher Natur[5]): Er entscheidet, unterstützt von einem Aktuar, der auch zu seiner Vertretung berechtigt ist, und von Schöffen, die jedoch zur Bedeutungslosigkeit herabgesunken sind, in Parteistreitigkeiten, ihm obliegt die freiwillige Gerichtsbarkeit, er hat die Untersuchung der im Amtsbezirk begangenen Verbrechen zu führen.

Die Patrimonialgerichtsbarkeit — sie ist noch als ein Rest des alten Lehnstaates anzusehen und findet ihren Ursprung in einer Unzahl landesherrlicher Belehnungen und Privilegierungen — ist teils mit dem Grund und Boden verknüpft, teils besteht sie auch unabhängig von ihm: Im ersteren Falle steht sie dem jeweiligen Gerichtsherrn zu, im letzteren ist sie ein Eigentumsrecht einer Anzahl von Gemeinheiten, namentlich der Städte. Ihr Ursprung kommt noch jetzt in der Mannigfaltigkeit der Patrimonialgerichte, in der verschiedenen Art und Bedeutung der ihnen verliehenen Gerichtsbarkeit zum Ausdruck: Es finden sich Rittergüter und Städte mit gänzlich unbedeutender, aber auch solche, denen neben der niederen auch noch die hohe Gerichtsbarkeit zusteht[6])[7]).

[4]) Nach Schweitzer a. a. O. 153 im Jahre 1734.

[5]) Über die gleiche Stellung in Sachsen und Bayern Zachariä a. a. O. 370 und Rosenthal II, 88 ff., insbesondere 101 ff.; lediglich der Name ist in Bayern ein anderer (Pfleger). Über die Stellung des Oberamtmanns in Württemberg: Wintterlin I, 55 ff.; auch er ist zugleich Richter und Beamter der exekutiven Gewalt.

[6]) Eine Aufstellung der Jurisdiktionsbefugnisse der Stadtgerichte findet sich bei Schmidt Bd. 6, 524/525: Danach steht z. B. die volle Ober- und

Soweit ihre Gerechtsame je nach dem Verleihungsakt reichen, verzichtet der Staat auf das ihm zustehende Hoheitsrecht der Jurisdiktion; jedoch darf der Gerichtsherr die Gerichtsbarkeit nicht selbst ausüben, vielmehr ist er verpflichtet, einen besonderen Verwalter — meist sind es Hofgerichts- oder auch Amtsadvokaten — anzustellen, dessen Aufgaben in jeder Beziehung denen des Amtmanns gleichen[8]). Neben diesem Bestellungsrecht liegt das Hauptgewicht der dem Gerichtsherrn zustehenden Gerichtsbarkeit darin, daß sie unter seinem Namen und Siegel ausgeübt wird, und vor allem auch darin, daß er die Nutzungen, insbesondere die Strafgelder für sich in Anspruch nehmen kann, soweit sie nicht zur Erhaltung von Gerichtslokal und Gefängnis benötigt werden. Als nutzbares Recht und nicht als öffentliche Pflicht wird die Patrimonialgerichtsbarkeit von allen Gerichtsherren aufgefaßt. In den Städten[9]), soweit ihnen Jurisdiktionsbefugnisse verliehen und sie nicht der Gerichtsbarkeit eines Amtes[10]) oder eines adeligen Gerichtsherrn[11]) unterworfen sind, obliegt die Verwaltung der Gerichte dem Bürgermeister oder einem besonderen Stadtsyndikus[12]). Aber auch hier steht die Gerichtsbarkeit gerade durch die Art der Besetzung der Stadtgerichte in engster Beziehung zur Verwaltung[13]).

Die Abgrenzung der Kompetenz der Patrimonial- und Stadtgerichte gegenüber den Ämtern, in deren Amtskreis sie liegen,

---

Niedergerichtsbarkeit Jena und Buttstedt zu, dagegen Weimar, Bürgel, Dornburg und Buttelstedt nur die eine oder die andere. Ilmenau ist zwar mit voller Erbgerichtsbarkeit begabt, jedoch wird das Gericht von dem Amtmann als Stadtrichter geleitet. Allstedts Gerichtsbarkeit ist auf den Ratskeller begrenzt.

[7]) In Bayern steht den Städten nur die niedere Gerichtsbarkeit zu, und auch den eigentlichen Patrimonialgerichten ist die hohe Gerichtsbarkeit nur vereinzelt durch besonderes Privileg verliehen, Rosenthal a. a. O. II, 23 und 39ff.; in Württemberg dagegen findet das Verfahren in peinlichen Sachen für Stadt und Land unter Leitung des Oberamtmanns vor dem Stadtgericht statt, Winterlin a. a. O. 56; durchweg eigene Gerichtsbarkeit besitzen auch die preußischen Städte, auch hier ist den Untergerichten zum Teil die höhere Gerichtsbarkeit verliehen, Bornhak a. a. O. 182.

[8]) So auch in Bayern, Rosenthal a. a. O. II, 41f.

[9]) Schweitzer a. a. O. 165f.

[10]) So Kreuzburg und Allstedt, letzteres mit Ausnahme der Ratsgerichtsbarkeit.

[11]) So Apolda und Remda.

[12]) Ebenso Preußen, Bornhak a. a. O. 182.

[13]) In Bayern ist in den Städten ein besonderer Stadtrichter eingesetzt und eine sehr strenge Scheidung zwischen den Befugnissen des Stadtrichters und des Stadtrates durchgeführt. Dem Stadtrat stehen neben dem Stadtrichter noch besondere Jurisdiktionsbefugnisse und zwar auf Grund der Marktgerichtsbarkeit, desgleichen auch in Polizeisachen zu, Rosenthal a. a. O. II, 26ff.

richtet sich in jedem einzelnen Fall nach dem Verleihungsakt, auf welchem die Gerichtsbarkeit beruht: Ist ihnen nur die niedere oder Erbgerichtsbarkeit verliehen, so sind sie in bezug auf die hohe amtssässig. In diesem Fall stehen Recht und Pflicht, alle hierzu gehörende Untersuchungen anhängig zu machen und durchzuführen, dem jeweils zuständigen Amtmann zu, d. h. demjenigen, in dessen Bezirk das betreffende Rittergut oder die Stadt liegt. Die Zuständigkeit des Amts ist dagegen ausgeschlossen, sobald neben der niederen auch noch die hohe Gerichtsbarkeit verliehen wurde. Ihr Rahmen ist sehr weit[14]): Er umfaßt alle schweren Verbrechen, so in erster Linie die Tötungs- und schweren Verletzungsfälle, Gotteslästerung, Ketzerei und Meineid, alle Fleischesvergehen wie Bigamie und Ehebruch, Raub und Diebstahl, sobald eine geringwertige Summe überschritten ist, endlich Bestechung und andere Delikte. Lediglich diejenigen Vergehen, welche die Landesordnung von 1589 nicht einbegreift, haben als Teil der niederen Gerichtsbarkeit zu gelten, wobei es sich aber nur um ganz einfache und leichte Fälle, wie Garten- und Felddiebereien und geringwertige Diebstähle ebenso wie geringfügige Mißhandlungen handelt. Dabei erleidet die Patrimonialgerichtsbarkeit dadurch eine Einschränkung zugunsten der staatlichen Gerichtsbehörden, daß — spätestens seit 1787[15]) — sämtliche Untersuchungen und Denunziationen, die sich gegen Schriftsässige richten, den Ämtern übertragen werden sollen[16]).

Diese Verteilung der Verbrechensermittlung und Untersuchungsführung auf eine Unzahl kleiner Gerichte und Untersuchungsämter[17]) bringt manche Gefahr für die Strafverfolgung mit sich. Sie findet ihren besonderen Ausdruck in den häufigen

---

[14]) Landesordnung, P. II. Kap. I. Teil IX, auszugsweise auch bei Schmidt Bd. 2, 563 und Bd. 4, 130ff. veröffentlicht.

[15]) vgl. das bei Schmidt Bd. 2, 352 veröffentlichte Reskript vom 9. Febr. d. Js.; jedoch finden sich in den Akten auch schon früher Abgaben derartiger Untersuchungen an die Ämter, so beispielsweise 1779 in B. 2740 an das Amt Hardisleben; ob diese Abgaben schon vor 1787 die Regel waren, ließ sich aus dem benutzten Material nicht entnehmen, ausdrücklich wird jedoch die Unzuständigkeit der Patrimonialgerichte betont.

[16]) Ähnliche Sonderregelungen für die Schriftsässigen finden sich auch im übrigen Deutschland: In Sachsen ist die Landesregierung zuständig, jedoch wird in der Regel auch hier die jeweilige Untersuchung kommissionsweise den Ämtern übertragen, Stübel a. a. O. § 136f.; in Baden führt ein Hofratsmitglied derartige Untersuchungen, Lenel a. a. O. 212, und auch in Bayern sind gewisse Personenkategorien von der Zuständigkeit der Stadtgerichte ausgenommen, Rosenthal a. a. O. II, 24.

[17]) Zum folgenden B. 2268a.

Fehlern und in der Langsamkeit der Untersuchung, in ihren hohen Kosten und der drückenden Belastung der Gerichtsuntersassen durch die Gefängnisbewachung, die von Bürgern und Bauern als Frone versehen werden muß. Diese Verhältnisse sowie das Beispiel anderer deutscher Staaten sind auch entscheidend für den schon 1777 von der fürstlichen Kammer gestellten Antrag, die Untersuchungsführung einem einzigen Kriminalamt zu übertragen. Doch scheitert diese Anregung vorerst noch an dem Widerstand der Weimarer Regierung, die meint, statt der erhofften Besserung werde die größte Verwirrung eintreten. Deshalb hält sie den Vorschlag der Kammer für »unfüglich und unrätlich«: Die zur Bezahlung der Beamten notwendigen Gelder würden bei weitem die Kosten der Herstellung tauglicher Gefängnisse übersteigen, zu große Schwierigkeiten werde die Feststellung der sachlichen und örtlichen Grenzen der neuen Institution gegenüber den alten Untersuchungsbehörden bereiten und allzugroß sei die Entfernung mancher Landesteile von dem Sitz des Kriminalamtes. Nicht anders glaubt auch die Eisenacher Regierung, daß der Endzweck der Vereinheitlichung: Kostenersparnis und Beschleunigung des Verfahrens ebensowenig wie eine Erleichterung für die Gerichtsuntersassen erreicht werden könne.

In gleicher Weise unverändert bleiben auch die beiden Landesregierungen zu Weimar und zu Eisenach[18])[19]): Wohl sind

[18]) Schweitzer a. a. O. 142 f., 149 und die Weimarer Kanzleiordnung von 1642, bei Schmidt Bd. 2, 11 im Auszug veröffentlicht. Die Akte B. 1192, in der sich auch das von Hartung a. a. O. 15 in anderem Zusammenhang angeführte provisorische Reglement wegen Behandlung der Geschäfte bei der Regierung zu Weimar vom 10. Nov. 1786 befindet, dessen Bedeutung jedoch lediglich auf verwaltungstechnischem Gebiete liegt, ist im wesentlichen für die hier behandelten Fragen bedeutungslos. Eine ähnliche Regelung findet sich auch in Kursachsen, zumal auf zivilrechtlichem Gebiet, Lobe a. a. O. 50f., sowie in Baden und Bayern (die folgenden Anmerkungen 20, 24, 25).

[19]) Der Name »Regierung« bürgerte sich auch in Preußen allmählich ein, und nur in vereinzelten Fällen blieb noch die geschichtlich überkommene Bezeichnung des »Hofgerichts« (s. Bornhak a. a. O. 242). Ein Hofgericht bestand auch für die Herzogl. Sächsischen Staaten in Jena (seit 1566), jedoch ist es ebenso wie sein Vorbild, das Oberhofgericht zu Leipzig, lediglich in »Parteistreitigkeiten«, d. h. für nicht-peinliche Sachen zuständig. In Baden und Bayern findet sich dagegen noch die alte Bezeichnung, in Württemberg werden die Mitglieder des Oberrats seit 1710 Regierungsräte genannt. Lenel a. a. O. 11, Rosenthal a. a. O. II, 294 ff. und Wintterlin a. a. O. 80. Zur Geschichte des gemeinschaftlichen Hofgerichts zu Jena insbesondere Hellfeld: Versuch einer Geschichte der landesherrlichen höchsten Gerichtsbarkeit und deren Hofgerichte in Sachsen, besonders des gesamten Hofgerichts zu Jena. Die Hofgerichtsordnung ist abgedruckt bei Schmidt Bd. 4, 457 ff.

sie nicht die einzigen obersten Landesbehörden mehr. Erst 1770 haben sie durch die Einrichtung der Landesdirektion als oberster Polizeibehörde der beiden Fürstentümer eine erhebliche Einschränkung ihrer Kompetenz erlitten, und schon früher waren sämtliche Finanzsachen an die Kammern abgegeben worden. Doch ist die einzelne Landesregierung auch jetzt noch zu gleicher Zeit Regierungskollegium und oberster Landesjustizhof[20]). Äußerlich findet dieser Charakter in der Gliederung in Lehns-, Gerichts- und Regierungskabinett seinen Ausdruck. Als Verwaltungsbehörde untersteht ihr neben den Grenz- und Hoheitssachen, der Publikation herzoglicher Patente und Mandate, der Erteilung von Privilegien, der Aufsicht über die Kommunen und anderen vor allem in bedeutendem Maße die Begnadigung[21]) der abgeurteilten Delinquenten. Als Justizbehörde übt sie neben der Visitation der Ämter[22]) entscheidenden Einfluß auf zivil- wie auf strafrechtlichem Gebiete aus: Ist sie dort entweder erste Instanz oder Appellationshof[23]), so kann sie hier jederzeit ihre Zuständigkeit begründen, indem sie in wichtigeren Fällen die Führung einer anhängigen Untersuchung kommissionsweise einem Regierungsmitglied[24]) überträgt, ohne aber hierdurch den Ämtern und Patrimonialgerichten ihren Charakter als eigentliche Untersuchungsbehörden zu nehmen. Weit bedeutender ist indessen der Einfluß der einzelnen Landesregierung, den sie mittels ihres Aufsichtsrechts über die Ämter und Amtleute ausübt: Wohl nehmen diese die einzelnen notwendigen Untersuchungshandlungen vor. Sie sind zur Annahme von Denunziationen, zur Verfolgung von Gerüchten, zur Festnahme eines Verdächtigen und zum

[20]) So auch in Kursachsen, Baden, Bayern und in Württemberg. In Baden und Bayern findet sich eine verschleierte Verbindung zwischen der eigentlichen Regierung — dem Hofrat — und dem Hofgericht in der Weise, daß letzteres aus Mitgliedern der ersteren gebildet wird; die Entscheidung in Kriminalsachen liegt lediglich bei dem Hofrat, jedoch muß dieser in Baden bei Erkenntnissen auf Lebensstrafen seit 1790 zuvor ein Gutachten des Hofgerichts einholen, Wintterlin a. a. O. 79, Rosenthal a. a. O. II, 294 ff., auch I, 427 ff. und Lenel a. a. O. 11, 128, 218.

[21]) Akte B. 2396b; über die Schranken dieser Befugnis weiter unten S. 28 ff. die Bemerkungen über das Bestätigungsrecht des Landesherrn.

[22]) Diese soll seit 1789 jedes Jahr über drei Ämter und im dritten über vier durch den Regierungskanzler ausgeübt werden (Rescript vom 10. Juli 1789, bei Schmidt Bd. 1, 166/67 abgedruckt). Über die gleiche Kompetenz für Baden Lenel a. a. O. 11, für Preußen Bornhak a. a. O. 240 f.

[23]) Erste Instanz für Schriftsässige; s. ebenso für Preußen Bornhak a. a. O. 240/241, für Baden Lenel a. a. O. 12 f.

[24]) Häufig geschieht die Übertragung der Kommission auch an eine andere juristisch vorgebildete und geeignete Person, sei es an einen Amtmann oder einen Hofgerichts- bzw. Amtsadvokaten (z. B. B. 2764).

ersten Verhör berechtigt und verpflichtet, die Leitung der ganzen Untersuchung aber steht der Landesregierung zu. Sie gibt dem Verfahren die entscheidende Richtung: Ihr muß fortwährend über den Stand der Untersuchung Bericht erstattet werden, sie entscheidet bei Zweifelsfragen, sie beendet die Untersuchung oder ordnet die Spezialinquisition an. Sie endlich spricht das Urteil oder die Versendung der Akten an ein Dicasterium, zumeist an den Jenaer Schöppenstuhl[25]), aus[26]). Entsprechend dem Fehlen einer unmittelbaren Aufsicht des Staates über die Patrimonialgerichte ist die Stellung der Regierung zu ihnen eine andere: Wohl kann sie auch ihnen durch den Kommissionsauftrag an eines ihrer Mitglieder die Zuständigkeit entziehen, nicht aber steht der Regierung ihnen gegenüber ein ausschließliches Leitungsrecht zu. Jedoch bestimmt die Landesordnung ausdrücklich[27]), daß die mit Obergerichtsbarkeit begabten Patrimonialgerichte ohne Belehrung durch den Schöppenstuhl weder eine peinliche Frage vorlegen, noch den Delinquenten bestrafen dürfen. Lediglich diejenigen Gerichte, denen die niedere Gerichtsbarkeit zusteht, sind berechtigt, selbst zu entscheiden und das Urteil zu vollstrecken, es sei denn, daß der Angeschuldigte von dem Rechtsmittel der Appellation Gebrauch macht. Doch ist diese freiheitliche Regelung mit der Zeit durch den wachsenden Staatsgedanken eingeengt worden: So darf seit 1770 von den Untergerichten auf Landesverweisung nur nach vorheriger Stellungnahme der Regierung erkannt werden, und das

---

[25]) S. das Zirkular vom 15. Mai 1776 bei Schmidt Bd. 1, 115, das ausdrücklich die Berücksichtigung Jenas verlangt. Die Bevorzugung der Landesuniversitäten ist zu dieser Zeit allgemein üblich, in Bayern werden die Akten nach Ingolstadt, in Württemberg nach Tübingen versandt, Rosenthal a. a. O. II, 300 und Wintterlin a. a. O. 56.

[26]) Völlig übereinstimmend ist das Verfahren in Baden und Kursachsen: Die Untersuchung liegt in Händen der Landesjustizbehörden, auch ist in allen wichtigen Punkten Bericht zu erstatten; in Sachsen sind die Untergerichte lediglich in Injuriensachen zur Urteilsabfassung berechtigt. (Lenel a. a. O. 11 und besonders 212 f., Lobe a. a. O. 61, Weiße a. a. O. II, 40 und Stübel a. a. O. §§ 3125 ff.). Nicht anders ist auch in Württemberg die Genehmigung des Oberrats zur Einleitung eines Verfahrens und zur Vollstreckung des von der Landesuniversität gefällten Spruches erforderlich (Wintterlin a. a. O. 56, 77 ff.). In Preußen sind die Untergerichtsbehörden nur noch im Vorbereitungsverfahren zuständig, während die Entscheidung den Obergerichten, in der Mark dem Kammergericht, von dem ein besonderes Kriminalkolleg abgezweigt ist, übertragen ist. Seit 1738 steht die Instruktionsbefugnis dem dritten Senat, aber auch nur in diesem, zu. (Bornhak a. a. O. 182 ff. und Holtze a. a. O. 154 f.) Endlich kennt auch Bayern eine Einsendung der Untersuchungsakten vor der Urteilsfällung. (Rosenthal a. a. O. II, 314.)

[27]) Landesordnung P. II. C. I. Tit. 14.

Gleiche gilt schon länger für die Anordnung der Spezialinquisition[28]).

Ist die Versendung[29]) beschlossen, so erfolgt sie fast immer an den Jenaer Schöppenstuhl[30]). Schon 1696[31]) wurde dieser als locus ordinarius bestimmt; eine Abweichung bedurfte der Genehmigung der Regierung, die aber nur dann gegeben werden sollte, wenn der Jenaer Schöppenstuhl schon einmal erkannt hatte oder der Delinquent sich durch seine Anrufung beschwert fühlte. In diesem Fall sollten die näher gelegenen Dicasterien, vor allem Halle, Leipzig und Wittenberg berücksichtigt werden. Nicht immer eingehalten[32]), bedarf es 1776 der nochmaligen gesetzlichen Festlegung und Bestimmung[33]). Als Gegenleistung hat der Jenaer Schöppenstuhl die Untersuchungsakten, die ihm aus den beiden Fürstentümern zugesandt werden, vorzugsweise, auch vor früher eingegangenen auswärtigen Akten zu berücksichtigen; erfolgt die Urteilsfällung nicht binnen vier Wochen, so ergeht gewöhnlich das erste Mahnschreiben und nach Ablauf von weiteren zwei Wochen ein zweites[34]). Die Bearbeitung der eingesandten Untersuchungsakten — sie machen gegen Ende des Jahrhunderts ein Fünftel aller Akten aus — geschieht gewohnheitsmäßig seit langer Zeit lediglich durch den Ordinarius, der zumeist der dienstälteste Professor der juristischen Fakultät ist. An den besonderen Sitzungstagen legt er die bearbeiteten Akten den übrigen Mitgliedern des Dicasteriums zur Urteilsfällung vor; bei Stimmengleichheit gibt wieder seine Stimme den Ausschlag. Doch wirkt sich diese ausschließliche Bearbeitung der Kriminalakten durch den Ordinarius mit der

---

[28]) S. das Reskript vom 3. April 1770 bei Schmidt Bd. 5, 244, desgleichen für die Spezialinquisition Schmidt Bd. 9, 7; ebenso dürfen auch in Sachsen die Patrimonialgerichte nicht auf Landesverweisung, wohl aber auf Spezialinquisition erkennen. Bei schwereren Fällen besteht auch hier ein Einholungszwang (Stübel a. a. O. § 3114 ff., 3118).

[29]) Über sie im Allgemeinen und gleichzeitig über die Stellung der Fakultäten zu den Untergerichten vor allem Hegler, Die praktische Tätigkeit der Juristenfakultäten des 17. und 18. Jahrhunderts in ihrem Einfluß auf die Entwicklung des deutschen Strafrechts von Carpzov ab.

[30]) Dem folgenden wurden neben Vollert, Der Schöppenstuhl zu Jena, der jedoch lediglich gedruckte Spruchsammlungen benutzt hat, vor allem die Akten A. 6232, A. 7925, A. 8006, A. 8034, A. 8035, A. 8046, A. 8300 sowie B. 2196, B. 2352 und B. 2845 zugrunde gelegt.

[31]) A. 7925 und B. 2196 sowie Schmidt Bd. 9, 12.

[32]) A. 8300, aus der ein häufiges Versenden der Untersuchungsakten zur Urteilsfällung nach Leipzig, Erfurt und Halle ersichtlich ist.

[33]) A. 8046 und das oben Anm. 25 genannte Zirkular.

[34]) B. 2845.

Zeit und besonders, als das Dicasterium in den letzten Jahrzehnten des 18. Jahrhunderts den Höhepunkt seiner Tätigkeit und seine Blütezeit erreicht — durchschnittlich 500 Akten werden dem Schöppenstuhl jährlich übersandt — nicht günstig aus. Selbst inländische Untersuchungen erleiden durch die Übersendung eine Verzögerung bis zu zwei Jahren, während derer der Inkulpat in den alles weniger als guten und gesunden Gefängnissen untätig sein Leben verbringt. Noch häufiger kommt ein derartiger Verzug bei Untersuchungsakten vor, die aus anderen deutschen Staaten nach Jena zur Urteilsfällung übersandt sind[35]). Für die beiden Fürstentümer und die Jenaer Landesportion wird deshalb 1804 die Aktenversendung und damit auch die Zuständigkeit des locus ordinarius eingeschränkt, den beiden Landesregierungen werden weitgehende Entscheidungsbefugnisse, ja sogar Entscheidungszwang übertragen[36]): Sie haben von nun ab in allen Sachen, in denen keine Lebensstrafe wahrscheinlich oder doch eine Begnadigung zu erwarten ist, selbst zu entscheiden und nur in Zweifelsfällen an den Landesherrn Bericht zu erstatten. Zugleich zeigt sich in dieser Beschränkung eine der Grundtendenzen des absoluten Staates und eine Steigerung jenes schon oben gezeichneten wachsenden Staatsgedankens, der sich gegen den Dualismus des Ständestaates und die durch diesen bewirkte Zersplitterung staatlicher Machtmittel und Befugnisse richtet[37]).

Hat das Dicasterium sein Urteil gefällt, so werden die Akten mit der Urteilsausfertigung durch die Amts- oder Gerichtsboten wieder abgeholt. Die Untersuchungsakten, welche von den Ämtern übersandt sind, gehen jedoch sogleich uneröffnet[38]) an die zuständige Landesregierung weiter. Diese hat über den nunmehrigen Verlauf der Untersuchung zu befinden. Sie kann neue Erhebungen durch die Untersuchungsbehörde, sie kann die nochmalige Versendung an ein anderes Dikasterium anordnen[39]), oder, wenn sie das

---

[35]) Ein Bild dieser Verzögerungen ergeben besonders A. 8034 und A. 8035.

[36]) B. 2352.

[37]) In Preußen ist die Aktenversendung an ausländische sowohl wie an inländische Fakultäten schon seit dem Jahre 1746 verboten, Bornhak a. a. O. 237 f. Auch in Baden ergeht schon sehr früh ein derartiges Verbot (1756), das jedoch 1803 nochmals wiederholt werden muß; in Ausnahmefällen kann jedoch der Landesherr jederzeit die Versendung anordnen, Lenel a. a. O. 136 ff. und 140 f.

[38]) Landesordnung P. II, C. I, Teil 14, auch B. 2776; dasselbe Verfahren wird in Kursachsen beobachtet, Wabst a. a. O. 243.

[39]) Z. B. B. 2738, wo eine nochmalige Defension mit nachfolgender Versendung verfügt wird, da die erkannte Tortur zu hart erscheint.

gefällte Urteil für recht befindet, seine Vollziehung gebieten oder aber, in besonders gearteten Fällen, die Urteilssprüche Carl August zur Genehmigung der erkannten Strafen oder zur Verwandlung in eine meist schon von dem Schöppenstuhl alternativ erkannte andere Strafe vorschlagen[40]. Die Amtleute selbst haben lediglich dasjenige auszuführen, was von der Regierung oder dem Landesherrn, sofern ihm die Untersuchungsakten vorgelegt werden, beschlossen und verfügt wird[41]. Die Landesjustizbehörden müssen, sobald die vom locus ordinarius oder von einem anderen Schöppenstuhl erkannte Strafe auf den Tod lautet, und ebenso, wenn vom Inkulpaten auf völlige Niederschlagung der gegen ihn schwebenden Untersuchung angetragen wird, die Untersuchungsakten an Carl August einsenden[42] [43]. Aber auch wenn der einzelnen Landesregierung ein Urteil nicht zweifelsfrei erscheint, sei es, daß ihre Mitglieder über die Gültigkeit oder Auslegung eines Gesetzes im Zweifel sind, sei es aus anderen Gründen, befaßt sie den Landesherrn und seine Berater mit dem gefällten Urteil. Endlich gelangen eine Reihe von Untersuchungen auf dem am Ende des 18. Jahrhunderts schon teilweise beschränkten, aber doch immer noch üblichen Wege der Supplik zu den Ohren Carl Augusts. Diese ist auch bei einer Appellation in nicht peinlichen Sachen, die seitens der Landesjustizbehörden abschlägig beschieden sind, das letzte und allein übrigbleibende Rechtsmittel[44].

In diesem Bestätigungsrecht kommt der Gedanke zum Ausdruck, daß die Verurteilung Sache des Staates ist[45]: Das Akten-

---

[40]) vgl. unten.

[41]) Landesordnung P. II, C. I, Teil 14.

[42]) Hierzu und dem folgenden neben B. 2396b, die einen Blick auf die Grenzen des Begnadigungsrechts der Regierung gewährt, und B. 2370, aus der sich ergibt, daß bei Erkenntnissen auf lebenslängliches Zuchthaus observanzgemäß kein Bericht seitens der Regierung erfolgt und demgemäß auch keine Bestätigung nötig ist, die Untersuchungsakten der Jahre 1775 bis 1805 (B. 2737 bis 2802); dem letzteren Material ist die hier gegebene Darstellung entnommen.

[43]) Eine völlig gleiche Regelung findet sich auch in Kursachsen, Weiße a. a. O. II, 13.

[44]) B. 2784.

[45]) Es wird in mehr oder weniger großem Umfang von sämtlichen deutschen Landesherren dieser Zeit in Anspruch genommen und ausgeübt; in Baden ist die landesherrliche Genehmigung bei allen Kriminalurteilen notwendig. In Preußen hat das 1717 gesetzlich festgelegte Erfordernis der landesherrlichen Bestätigung in allen wichtigeren Fällen, wie bei Erkenntnissen auf eine Lebens- oder schwere Freiheitsstrafe, auf Landesverweisung oder Tortur, 1772 seine nochmalige ausdrückliche Anerkennung erhalten, und bekannt ist, mit welcher Gewissenhaftigkeit und welchem Eifer Friedrich der Große dieses Recht ge-

material[46]) ergibt, mit wie großer Gewissenhaftigkeit und Umständlichkeit, mit welcher an Ängstlichkeit grenzenden Sorgfalt Carl August und seine Minister bei der Ausübung des Rechtes verfuhren. Die einzelnen Untersuchungsakten werden auf das genaueste geprüft. Mitunter verlangt Carl August sogar eine gutachtliche Äußerung[47]). Fast immer wird gegen das auf den Tod lautende Erkenntnis eine nochmalige Defension ohne Rücksicht auf die dadurch bewirkte Verzögerung der Exekution des gefällten Spruches und die damit verbundenen weiteren Kosten, die meist von den Gerichtsuntersassen getragen werden müssen, gewährt, um jeglichen Anschein einer Parteilichkeit zu vermeiden[48]). Nur, wenn diese von vornherein als absolut aussichtslos erscheint, ergeht die entgegengesetzte Entscheidung[49]). Ergibt sich auch nur der geringste Zweifel an der Schuld des Inkulpaten oder hält man das verurteilende Erkenntnis für zu hart, so wird die erneute Versendung der Untersuchungsakten an ein anderes Dikasterium angeordnet und erst, nachdem das neue Erkenntnis eingegangen ist, über das Geschick des Delinquenten entschieden. Vernünftiger und menschlicher erscheint es zu sein, Schuldige zu gelind, als Unschuldige zu hart zu bestrafen[50]). Allzu harte Urteile werden nach Möglichkeit gemildert und nur, wenn die Sicherheit des Staates sie erfordert, oder wenn man glaubt, ein abschreckendes Exempel statuieren zu müssen, ergeht eine Bestätigung des eingereichten Urteils[51]). Doch nirgends ergibt sich aus den Akten eine Verschärfung des von dem Dikasterium gefällten Spruches, ein Recht, das ein großer Teil der deutschen Landesherren dieser Zeit für sich in Anspruch nimmt[52]). Carl August und seine Berater benutzten das Bestäti-

---

handhabt und zur Vereinheitlichung der Rechtsprechung benutzt hat (Lenel a. a. O. 11; Schmidt a. a. O. 2ff.; Abegg, Versuch einer Geschichte der Strafgesetzgebung und des Strafrechtes der brandenburg-preußischen Lande S. 99 sowie Bornhak a. a. O. II, 51 f.).

[46]) Die in den folgenden Anmerkungen zitierten Einzelakten können und sollen nur Beispiele sein, die aber als solche kennzeichnend für die Ausübung des Bestätigungsrechts unter Carl August sind.

[47]) Etwa B. 2753, B. 2757, B. 2776.

[48]) B. 2780.

[49]) B. 2751.

[50]) B. 2746.

[51]) B. 2780. — Ähnlich ist auch die Ausübung des Bestätigungsrechtes durch Friedrich II. in Preußen gehandhabt worden. Stölzel, Vorträge 162.

[52]) Auf dieses verzichtet selbst Friedrich der Große nicht. Es hat in seinen Augen nichts mit einem Machtspruch oder mit Kabinettsjustiz zu tun. Indessen macht er von dieser Befugnis lediglich dann Gebrauch, wenn die

gungsrecht dazu, bei allen schwereren Verbrechen auf der einen Seite eine willkürliche Rechtsprechung soweit wie irgend möglich zu bannen und aller der Zeit nicht mehr entsprechenden Strenge der Gesetze entgegenzutreten, auf der anderen Seite aber eine gewisse Einheit der Urteilssprüche zu schaffen und zu gewährleisten. In diesem Sinne pflegt einem Abolitionsgesuch auch nur dann stattgegeben zu werden, wenn durch die Niederschlagung »das gemeine Beste mehr als durch Vollstreckung der Strafe« gefördert wird[53]).

Das Bestätigungsrecht ist zugleich auch der Weg, über den Carl August Fehler und Härten des materiellen und formellen Strafrechts kennen lernt. Gerade praktische Fälle geben zumeist den Anlaß, auf eine Erneuerung und Reform zu sinnen, gutachtliche Vorschläge von den Landesjustizbehörden einzufordern, die Mißstände auf gesetzlichem Wege abzustellen oder doch wenigstens den Versuch hierzu zu unternehmen[54]).

II. Kapitel.

Das materielle und formelle Strafrecht[1]).

Die gesetzliche Grundlage des geltenden materiellen und formellen Rechts bildet die peinliche Halsgerichtsordnung Kaiser Karls V. Neben ihr stehen die strafrechtlichen Bestimmungen der

---

öffentliche Sicherheit es erfordert. Ebensowenig lassen sich dieses Recht seine beiden Nachfolger auf dem preußischen Thron nehmen, und noch in der Kriminalordnung von 1806 findet sich daher keine die Strafschärfung hemmende Bestimmung. Stölzel, Vorträge 161ff., Brandenburg-Preußens Rechtsverwaltung und Rechtsverfassung S. 358 f.

[53]) B. 2740.

[54]) z. B. B. 2753, B. 2757 und Kapitel II; über die Ähnlichkeit mit der preußischen Entwicklung, Willenbücher a. a. O. 57ff.

[1]) Zu der folgenden Darstellung s. neben den meist nur kurzen Bemerkungen bei Hartung a. a. O. 105ff., besonders 117 bis 120, und den weiter unten zitierten besonderen Stellen vor allem B. 2281, B. 2338, B. 2339a, B. 2360c, B. 2754, B. 2280, B. 2268a, B. 2748, B. 2315a, B. 2302a, B. 2672b, B. 2286a, B. 2330a, B. 2333a, B. 2289, B. 2312, B. 2344, B. 2401a und Kultusministerium II, 42, Nr. 7. An vergleichendem Material sei hingewiesen auf von Hippel a. a. O. § 16, Malblank a. a. O. und von Bar, Handbuch des deutschen Strafrechts I. Bd.; für Baden auf Lenel a. a. O., wo sich im besonderen Maße vielfach ähnliche oder sogar völlig gleiche Entwicklungszüge wie in Sachsen-Weimar und Sachsen-Eisenach finden, sowie für Preußen auf Frank a. a. O.; Schmidt a. a. O.; Hälschner, Geschichte des Brandenburg-Preußischen Strafrechts und Neufeld, die Friderizianische Justizreform bis zum Jahre 1780.

Landesordnung vom 7. März 1589 und eine Unzahl von Mandaten und Patenten, die, von mehreren Herzögen erlassen, nicht immer in der notwendigen Harmonie zueinander stehen[2]). Sucht man nach einem Grund dieser Vielgestaltetheit und Diskrepanz, so findet man ihn in dem häufigen Herrscherwechsel und den Landesteilungen der Ernestinischen Linie, die fast immer mit diesen verbunden sind. Das geltende Landesrecht ist unübersehbar[3]). Selbst Richter und Advokaten kennen sich in den gesetzlichen Bestimmungen nicht mehr aus, und die Eisenacher Regierung kommt lediglich einer dringenden Notwendigkeit nach, wenn sie 1777 zugleich mit dem Antrage auf eine Neuherausgabe der Landesordnung, die jedoch über die ersten Anfänge nicht hinauskommt[4]), den Wunsch nach einer Zusammenstellung aller ergangenen und noch geltenden Gesetze und Verordnungen äußert, »maßen keinem Zweifel unterworfen ist, daß der gemeine Mann die meiste Zeit nach gänzlich unbekannten Gesetzen beurteilt, gerichtet und bestraft werde, woraus denn entweder vielfältige Elisionen des Gesetzes oder aber wirkliche Bedrückungen bei Bestrafungen in unwissentlichen und daher nicht freventlichen Übertretungen entspringen«[5]). 1783 nimmt der Jenaer Landausschußtag[6]) die Anregung wieder auf, doch auch diese bringt keine praktische Verwirklichung. Lediglich eine private Sammlung entsteht in den Jahren 1800 bis 1805[7]), die sich aber durch die

---

[2]) Ähnlich schildert Lenel a. a. O. 28 die Verhältnisse für Baden; Frank a. a. O. 57 bezeichnet dieses Übermaß an Gesetzen aus den verschiedensten Kulturperioden als ganz allgemeines Charakteristikum des damaligen Deutschland.

[3]) B. 2281, auch Hartung a. a. O. 106.

[4]) B. 2256.

[5]) B. 2281.

[6]) Die Jenenser Landesportion hatte besonders viel unter den Teilungen zu leiden: 1741 war sie zum Fürstentum Weimar und 1750 zum Fürstentum Eisenach gekommen, und erst das Jahr 1756 brachte die endliche Lösung, Schmidt 5, 3, auch Hartung a. a. O. 1.

[7]) Sie wurde von dem Geheimen Sekretär J. Schmidt unter dem Titel: »Ältere und neuere Gesetze, Ordnungen und Circularbefehle für das Fürstentum Weimar und die Jenaische Landesportion in alphabetisch geordnetem Auszug herausgegeben« und umfaßt 10 Bände, zu denen 1819 noch ein Nachtrag hinzugefügt wurde (Band 11). Für das Eisenacher Fürstentum erscheint erst viel später — 1829 — der »F. v. Göckelschen Sammlung Großherzogl. S. Weimar-Eisenachischer Gesetze, Verordnungen und Circularbefehle in chronologischer Ordnung I. Teil«, der die bis zum Ende des Jahres 1810 erschienenen und noch gültigen gesetzlichen Verordnungen enthält. — Ein ähnlicher Mangel zeigt sich auch in Baden, auch hier kommt es gegen das Ende des 18. Jahrhunderts zu einer privaten Sammlung, nachdem der schon 1754 erteilte

alphabetische Anordnung und das hierdurch bedingte Auseinanderreißen der einzelnen Gesetze nicht zu ihrem Vorteil auszeichnet. Mag auch manche Einzelbestimmung abweichen, im großen gleichen die gesetzlichen Normen den Bestimmungen, die in den übrigen deutschen Landen gelten, zumal die Landesordnung an zahlreichen Stellen auf das gemeine Recht verweist[8]). Es gelten jene uns grausam und allzuhart erscheinenden Diebstahlsbestimmungen, jene Unterscheidung in großen und kleinen Diebstahl, die lediglich durch den Wert des gestohlenen Gutes bestimmt ist. Jeder Diebstahl von 5 Gulden ist mit dem Tod durch den Strang bedroht, ohne Rücksicht darauf, ob er heimlich oder öffentlich, bei Tag oder bei Nacht ausgeführt, oder ob etwa der Wert ersetzt ist. Das gleiche gilt von dem dritten Diebstahl, mögen die ersten beiden im In- oder im Auslande begangen, mögen sie bestraft worden sein oder nicht; der Wert des gestohlenen Gutes bleibt dabei unberücksichtigt. Der Galgen droht auch denen, die irgendwo einsteigen oder Waffen bei sich führen[9]). In dem Gaunermandat von 1758[10]), welches sich hauptsächlich gegen das Bandenunwesen richtet, finden diese Strafdrohungen zugleich mit einer Beschleunigung des Verfahrens und der Urteilsvollstreckung eine nicht unwesentliche Verschärfung: Schon die bloße Teilnahme verwirkt das Leben, auch wenn sie nur eine gewisse Zeit gedauert hat oder der Teilnehmer erst später ergriffen wird. Allen Weibern, die bei einer solchen Bande getroffen werden, droht der Tod durch das Schwert. Die aufgegriffenen Gauner[11]) und Vagabunden sollen zur Untersuchung in das Zuchthaus gebracht und, sofern das Verfahren keine

---

Auftrag der Kodifikation des geltenden Rechts gescheitert war; in Preußen entsteht sie wesentlich früher (1713) in der Sammlung Mylius, Lenel a. a. O. 63 ff.

8) So auch die badische Landesordnung von 1654, Lenel a. a. O. 78.

9) B. 2743 und das bei Schmidt Bd. 2, 320 und v. Göckel Bd. I, 120 veröffentlichte Reskript vom 21. August 1741; im letzteren wird die Grenze zwischen großem und kleinem Diebstahl noch auf zwei Taler festgesetzt. Doch ergibt sich aus B. 2743, daß zuletzt 1758 hinsichtlich des gewöhnlichen Diebstahls ausdrücklich auf die Bestimmungen der C. C. C. verwiesen und die dort angegebenen 5 Gulden oder Solidi auf 13 Taler 8 Groschen, der Taler zu 24 Groschen gerechnet, festgesetzt sind. Bei Schmidt findet sich hierüber nichts, er und v. Göckel geben noch die 2 Talergrenze als geltendes Recht an.

10) Abgedruckt bei Schmidt Bd. 2, 380ff.

11) Als solcher wird schon jeder angesehen, der keine Häuslichkeit, keine ordentliche Nahrung oder Gewerbe hat oder der keinen glaubwürdigen neuen Paß besitzt und auch nicht dartun kann, womit und wovon er sich ernährt.

Bestätigung einer mit Strafe bedrohten Handlung ergibt, unter gleichzeitiger Androhung einer langjährigen Zuchthausstrafe für den Fall ihrer Rückkehr auf ewig des Landes verwiesen werden. Nicht minder hart sind die gesetzlichen Strafen der Sittlichkeitsdelikte — eine Folge der noch den Anfang des Jahrhunderts beherrschenden Verbindung zwischen Jurisprudenz und Theologie: Schon das einfache Stuprum ist mit einjähriger Gerichtsräumung und 8 bis 14tägigem Gefängnis bedroht. Auf die Wiederholung zum dritten Male steht 4wöchentliches Zuchthaus sowie dreimaliger Pranger mit Willkomm und Abschied, bei fremden Dirnen sogar ewige Landesverweisung mit vorheriger Auspaukung und Pranger. Zehn Jahre Internierung im Zuchthaus trifft die Verheimlichung der Schwangerschaft. Notzucht und Ehebruch sollen mit dem Tode durch das Schwert bestraft werden[12]).

Sind so noch die mittelalterlichen Strafdrohungen der peinlichen Halsgerichtsordnung, die Leibes- und Lebensstrafen mit ihren vielfachen Schärfungen in voller gesetzlicher Geltung, so hat sich doch auch in Sachsen-Weimar seit der 1719 erfolgten Gründung der Weimarer Zucht- und Besserungsanstalt[13]) in der Praxis der Rechtsprechung ein Umschwung zugunsten der Freiheitsstrafe bemerkbar gemacht. In den ersten Jahrzehnten nach der Errichtung des neuen Hauses hatte nur selten eine Abänderung der verwirkten gesetzmäßigen Strafe in eine Zuchthausstrafe, sei es eine lebenslängliche oder eine zeitlich bestimmte, stattgefunden. Dies ändert sich jedoch, sobald humanere Gedanken und der Geist der Aufklärung zugleich mit der Erkenntnis, daß die bisherige Härte der Strafen zur Verhütung der Verbrechen nicht zweckdienlich sei, auch in Sachsen-Weimar-Eisenach Eingang finden[14]). Die durch den Zeitgeist und die Ideen der letzten Jahrzehnte des 18. Jahrhunderts bedingte Anwendung milderer Grundsätze bei der Ausübung der peinlichen Gerichtsbarkeit bewirkt zum Teil die völlige gesetzliche Beseitigung mancher in der Carolina gesetzten Strafe, teils auch die

---

[12]) Die betreffenden Bestimmungen finden sich hinsichtlich der wiederholten Schwängerung bei Schmidt Bd. 2, 168 ff., besonders 178 f.; ähnliche Bestimmungen finden sich auch in Baden, Lenel a. a. O. 180 f.

[13]) Somit also verhältnismäßig früh. (S. v. Hippel, Beiträge zur Geschichte der Freiheitsstrafe 421 f. und von Wächter, Über Zuchthaus und Zuchthausstrafen, der auf den ersten Seiten seiner Abhandlung eine kurze Geschichte des Zuchthauswesens in Deutschland seit der Gründung der ersten Zucht- und Besserungsanstalt zu Amsterdam gibt.)

[14]) S. auch die Entwicklung in Preußen: Auch hier tritt die Zuchthausstrafe erst unter Friedrich dem Großen in den Mittelpunkt des Strafsystems, Schmidt a. a. O. 42 ff.

Aussetzung ihrer Vollstreckung und ihre Umwandlung in eine lebenslängliche oder zeitliche Zuchthausstrafe, die damit zur häufigsten und am meisten erkannten Strafe wird. Nur in ganz seltenen Fällen werden jene alten Strafen angewandt. Schon 1737 sind die Strafen der Säckung und Ertränkung abgeschafft, und an ihre Stelle ist der Tod durch das Schwert getreten[15]. 1758 bzw. 1761 werden die Landesverweisung und der Staupenschlag, der regelmäßig mit der Landesverweisung als Strafe angedroht ist, bei allen Übeltätern, die zu keiner Lebensstrafe qualifiziert sind, durch die Zuchthausstrafe ersetzt[16]. Doch schon wenig später — 1767 — werden diese beiden Strafarten wieder eingeführt. Allerdings mit der Einschränkung, daß der Jenaer Schöppenstuhl in allen Fällen, in denen Landesverweisung und Staupenschlag als Strafen angedroht sind, alternativ auf Zuchthausstrafe zu erkennen habe[17]. Seit 1794 kommt in Sachsen-Weimar eine Verstümmelung der Glieder nicht mehr vor[18]. An die Stelle einer an sich verwirkten Todesstrafe tritt häufig die Unterbringung im Zuchthaus, sei es lebenslänglich, sei es auf unbestimmte Zeit, wobei im letzteren Falle eine Entlassung des Delinquenten von seinem Verhalten in der Anstalt abhängig gemacht wird. Ebenso tritt diese Freiheitsstrafe meist an die Stelle der Landesverweisung und des Staupenschlags; sie[19] werden nur dann noch vollstreckt, wenn man es aus erzieherischen Gründen für unbedingt notwendig hält. Aber auch in diesen Fällen wird der Verurteilte nicht einfach, wie es sonst in Deutschland vielfach üblich ist, über die Grenze des Landes abgeschoben[20], sondern zur Siche-

[15]) S. das Reskript vom 17. Juni 1737 bei Schmidt Bd. 6, 372; in Preußen tritt sogar erst 1740 an ihre Stelle die Schwertstrafe, Hälschner a. a. O. 182, Neufeld a. a. O. 48.

[16]) Reskript vom 2. Juni 1761 bei Schmidt Bd. 5, 243 und Bd. 8, 137.

[17]) Reskript vom 19. Juni 1767 ebenda; B. 2368.

[18]) Ebenso in Baden mit Ausnahme der Brandmarkung, die man dort schon aus sicherheitspolizeilichen Gründen nicht entbehren zu können glaubt und ohne Scheu anwendet, Lenel a. a. O. 186 f. Ob in den Fürstentümern Carl Augusts in den letzten Jahren vorher noch irgend eine verstümmelnde Strafe verhängt wurde, ließ sich aus dem benutzten Material nicht entnehmen. Malblank a. a. O. sagt, daß in allen Gegenden, wo die Aufklärung in irgend einer Weise Fuß gefaßt habe, an eine Verstümmelung nicht mehr zu denken sei. Daß die Lande Carl Augusts zu den »finsteren Winkeln Deutschlands« gehören, von denen Malblank meint, daß sie mit Verachtung ausgezeichnet werden müßten, ist kaum denkbar (S. 248 ff. und 252).

[19]) B. 2338.

[20]) Diese Gewohnheit zeitigt die größten Übelstände: Die des Landes Verwiesenen, gebrandmarkt und meist ohne Mittel, waren gezwungen, wieder in ihre Heimat zurückzukehren und sich damit der Gefahr auszusetzen, ins Zuchthaus gebracht zu werden, oder aber sich auf dem Wege des Verbrechens

rung des Landes vor seiner Rückkehr nach Möglichkeit an fremdes Militär abgegeben oder aber an einem ganz entfernten Ort untergebracht.

Landesverweisung und Staupenschlag gehören wohl zu den ungebräuchlichsten Strafen zu dieser Zeit in Sachsen-Weimar, abgeschafft sind sie jedoch nicht und eine Abschaffung hält man auch nicht für nötig. 1799 wird der Antrag der Weimarer Regierung, gegen eine Inkulpatin wegen wiederholten Hausdiebstahls auf Staupenschlag, Urphede und ewige Landesverweisung oder zweijähriges Zuchthaus mit Willkomm und Abschied zu erkennen, hinsichtlich des ersteren Teils »zur Statuierung eines Exempels wider die Untreue des Gesindes« bedenkenlos genehmigt[21]). Ebenso wird, als der Jenenser Schöppenstuhl 1800 wegen fahrlässiger Tötung auf zwei Jahre Zuchthaus oder ewige Landesverweisung erkennt, die Landesverweisung »zu einem warnenden Beispiel gegen dergleichen Leichtsinn und Unbesonnenheit« bestätigt[22]). Selbst die 1801 seitens der Eisenacher Volksmenge erfolgende Steinigung eines zum Staupenschlag und zu ewiger Landesverweisung verurteilten Diebes und der Kommentar[23]), der hierzu in der Nationalzeitung der Deutschen erscheint, bewirken keine Beseitigung dieser Strafen[24]). Noch

ihren Unterhalt zu suchen. Die hierdurch hervorgerufenen Übelstände veranlassen auch überall die Aufhebung oder Beschränkung der Landesverweisung als gesetzlicher Strafe. Derartige Maßnahmen erfolgen zuerst 1717 in Braunschweig. Während hier die Landesverweisung gänzlich verboten und an ihre Stelle Zuchthaus und andere öffentliche Arbeitsstrafen gesetzt werden, wird 1726 in Österreich ihre Anwendung nur gegenüber Inländern untersagt, während Ausländer weiterhin mit Staupenschlag und Landesverweisung bestraft werden können. Diesen Zustand ändert auch die Theresiana nicht. Friedrich der Große bereitet der Landesverweisung 1743/1744 ein Ende, doch scheint in Einzelfällen noch auf sie erkannt worden zu sein. Im Kurfürstentum Sachsen erfolgt die Beseitigung 1770, im Herzogtum Gotha wird sie 1776 beschränkt und seit 1783 treten in Koburg an ihre Stelle zwei Jahre Zuchthaus und 15 Streiche als Willkomm. In der Markgrafschaft Baden hält man lediglich eine sparsame Anwendung für notwendig und nur die Urphede entfällt (1761) (Wächter a. a. O. 40ff., ferner von Bar a. a. O. 155ff.; Hälschner a. a. O. 181; Schmidt a. a. O. 36 Anm. 6; Neufeld a. a. O. 48 und Lenel 122 ff. Bezüglich des Kurfürstentums Sachsen gehen die Angaben auseinander. Während Malblank a. a. O. 229 als Jahr ihrer Abschaffung 1783 bezeichnet, ist sie nach von Zahn a. a. O. 11 schon 1770 beseitigt).

21) B. 2781.

22) B. 2783.

23) Nationalzeitung vom 17. Dez. 1801.

24) B. 2791 und die Bekanntmachung in den Eisenachischen Nachrichten vom 2. Dezember 1801. Dieser Fall hat für den Präsidenten der Eisenacher Regierung v. Bechtolsheim ein übles Nachspiel: Der Verurteilte, ein aus Meißen gebürtiger Sachse, wurde nach dem Vollzug des Staupenschlags

1805 findet die Umwandlung einer wegen Verheimlichung der Schwangerschaft und nachfolgendem Tode des Kindes erkannten mehrjährigen Zuchthaustrafe in Landesverweisung unter der Bedingung statt, nie wieder das Land zu betreten. Zweifellos handelt es sich hier um eine Inländerin, da der Mann und die Eltern der Delinquentin in Weimar wohnen[25] [26]).

Jedoch nicht nur nach dieser Seite hin ist die Zuchthausstrafe in Sachsen-Weimar um die Wende des 19. Jahrhunderts zu der gebräuchlichsten Strafe geworden, auch in anderer Richtung hat sie an Bedeutung gewonnen. Nicht selten wird sie jetzt bei Polizeivergehen verhängt[27]). Ihr Hauptkriterium ist die Aussonderung des Verbrechers aus der menschlichen Gesellschaft und die mit einem gewissen Arbeitszwang verbundene Beschränkung seiner Aufenthaltsfreiheit. Eine Abstufung kommt nur in ihrer Dauer und dem mit ihr verbundenen Willkomm und Abschied zum Ausdruck. Nur dadurch unterscheidet sich die Bestrafung der Schwerverbrecher von der der leichteren und der Polizeisträflinge[28]). Willkomm und Abschied müssen in der Urteilsformel ausgesprochen sein. Je nachdem sie als einfache oder verschärfte erkannt werden, bestehen sie in 12 bis höchstens 15 oder aber in 18 bis höchstens 20 Streichen. Die Prozedur scheint meist so vorgenommen worden zu sein, daß der Delinquent mit aufgereckten Armen an eine steinerne Säule geschlossen und der Rücken mit einer Knotenpeitsche bearbeitet wurde. Nähere Bestimmungen sind in Sachsen-Weimar nicht getroffen, das Schicksal des Delinquenten und die Art

---

durch die Stadt geleitet, um über die Landesgrenze abgeführt zu werden; anscheinend auf Verabredung — es wurden große Steine geworfen, die sich sonst nicht an dem Tatort befanden — werden von der Volksmenge unter Teilnahme besserer Bürgersöhne Steine geworfen und der Delinquent so schwer verletzt, daß er nicht mit dem Leben davonkommt. v. B. will die Sache auf sich beruhen lassen, doch Carl August, erstaunt und empört über die Urteilslosigkeit des Regierungschefs, der sogar mit der Volksmeinung einen vom Schinderknecht geschlagenen Unteroffizier für entehrt hält, ordnet strengste Untersuchung an, Regierungskollegium und Polizeikommission müssen sich eine scharfe Rüge erteilen lassen. (Auch Eisenacher Archiv, ungeordnete Rechtssachen, Akte betr. die Untersuchung gegen den Vagabunden Gottfried Merker 1801 und Akte, die bei der Exekution des Delinquenten Schönert zu Eisenach vorgefallenen Exzesse betreffend 1801.)

[25]) B. 2797.

[26]) Die angeführten Beispiele widerlegen die von Hartung a. a. O. 119 für diese Zeit behauptete Aufhebung der Landesverweisung in Sachsen-Weimar. Es kann vielmehr nur von einer Einschränkung, von einer solchen aber auch in hohem Maße die Rede sein.

[27]) B. 2339.

[28]) Zu dem folgenden B. 2360 c und B. 2339 a.

der Maßregelung hängt zum großen Teil von dem Gutdünken des Anstaltsleiters ab. Diese entscheidende Bedeutung [29]) der Dauer der Freiheitsbeschränkung wie des Willkomms und Abschieds für das Verhältnis der Freiheitsstrafe zu dem begangenen Verbrechen zieht mit der zunehmenden Verhängung der Zuchthausstrafe in manchen Fällen ein bedeutendes Mißverhältnis in ihrer Anwendung nach sich. Und so kann es auch geschehen, daß die Strafwirkung oft wenig dem Endzweck, »daß der Verbrecher eine der Moralität seiner begangenen Übeltat angemessene Züchtigung erhalte und dadurch zugleich für andere ein warnendes und von solcher Art von Verbrechen abschreckendes Exempel aufgestellt werde«[30]), entspricht und der Züchtling wenig gebessert in die Gesellschaft zurückkehrt. Es taucht deshalb der Gedanke einer durchgreifenden Graduation der Zuchthausstrafe auf: 1794 wird der Regierung auferlegt, Mittel und Wege zu finden, durch härtere Arbeit und andere zweckdienliche Mittel — ausdrücklich wird jedoch die körperliche Züchtigung verboten — die Zuchthausstrafe zu modifizieren und zu verschärfen, damit besonders die in eine Zuchthausstrafe umgewandelte Lebensstrafe in ein entsprechenderes Verhältnis zu der begangenen Tat gebracht werden könne. Die Verwirklichung einer solchen Graduation scheitert an der Beschränktheit der Zuchthausräumlichkeiten. Erwähnenswert scheint jedoch die Anregung der Regierung [31]), das Ansehen der Zuchthausstrafe durch die Einführung einer Mittelstrafe in Gestalt einer etwa vierzehntägigen bis vierwöchigen Arbeitsstrafe am Straßenbau oder sonstigen öffentlichen Arbeiten zu heben. Dies sollte an Stelle der bisherigen kurzen Freiheitsstrafe bei geringeren Diebstählen, Betrügereien und Polizeiübertretungen treten. Die Züchtlinge sollten sich durch die Verschiedenheit in der Kleidung und durch Abzeichen unterscheiden. Bemerkenswert ist es ebenso, daß Regierung und Landschaftskassendirektorium sich »wegen des Eindrucks beim gemeinen Mann« für die Beibehaltung des Willkomms ebenso wie für seine öffentliche Erteilung, möglichst nach vorheriger Bekanntmachung am Markttage, aussprechen [32]).

---

[29]) B. 2339, 2339a.

[30]) B. 2754 und das dortige Rescript vom 13. Mai 1783.

[31]) Bericht vom 23. Nov. 1794 in B. 2339.

[32]) Über die Anwendung von Willkomm und Abschied in den Zuchthäusern finden sich zahlreiche Bemerkungen bei Wächter a. a. O. 91: So besteht z. B. in dem vorzüglichen Bayreuther Zuchthaus zu St. Georgen am See der Willkomm je nach der begangenen Tat in zwanzig, dreißig oder noch mehr Hieben; im Mannheimer Zuchthaus kommen auf den kleinen Willkomm 12 bis 15, auf den ganzen aber 20 bis 30 Streiche. Diese Schärfungen werden

So wird die Todesstrafe zwar häufig in eine Zuchthausstrafe umgewandelt; zu ihrer gänzlichen Abschaffung kann man sich aber nicht entschließen[33]. Allerdings verfehlt auch in Sachsen-Weimar Beccarias Schrift und der anschließende Streit um die Todesstrafe[34] nicht seine Wirkung: »Es ist bekannt, mit was für Gründen in den neueren Zeiten die Rechtmäßigkeit, der Nutzen und die Notwendigkeit der Todesstrafen überhaupt in öffentlichen Schriften teils bestritten und teils verteidigt werden. So wichtig diese Streitfrage, in Ansehung welcher die Meinungen so sehr geteilt sind, an und für sich und so interessant deren Entscheidung für die Menschlichkeit ist: So schwer ist es und wird es vielleicht immer bleiben, selbige, im Allgemeinen genommen, zu dezidieren, da sich denen auf beiden Seiten aufgestellten Gründen ein gewisser Grad von Stärke nicht absprechen läßt[35].« Dieser Zweifel wegen wird die Todesstrafe nach Möglichkeit vermindert. Man hält sie aber dann für unumgänglich, wenn die Art oder die Ausführung des Verbrechens oder die öffentliche Sicherheit sie erheischen. Denn in einer Reihe von Untersuchungen wegen Brandstiftung, Raubmord und Bandendiebstahl[36] findet das vom Schöppenstuhl gefällte Todesurteil die

---

auch noch von der zeitgenössischen Literatur vertreten, z. B. Quistorp, Entwurf zu einem peinlichen Gesetzbuch § 57, der sich sowohl für die Erteilung des Willkomms wie des Abschieds ausspricht. — Insoweit ist Hartungs Bemerkung a. a. O. 119 über die Beseitigung der Prügelstrafe nicht richtig; ebenso spricht gegen seine Darstellung der bei v. Göckel Band I, 402 abgedruckte Umlauf der Eisenacher Regierung an die Untergerichtsbehörden vom 26. 3. 1800, bei allen Vergehen, die eine Gefängnisstrafe bzw. eine Waldbuße nach sich zögen, statt dieser Schläge mittels eines Haselstocks zu diktieren.

[33]) Zu dem folgenden B. 2754; über die ähnliche Entwicklung in Preußen v. Hippel, Strafrecht S. 274.

[34]) Ausführliche Angaben über diese Literatur finden sich bei Malblank a. a. O. 258 ff.

[35]) Reskript vom 13. Mai 1783 in B. 2754.

[36]) Akten B. 2751 (1783), B. 2780 (1798), B. 2817 (1810); ebenso bestätigt Carl August auch in der zweiten Hälfte seiner Regierungszeit eine Reihe von Todesurteilen: B. 2835, B. 2854. Der die Frage der Bestätigung bzw. Abänderung eines von den Gerichten gesprochenen Todesurteils beherrschende Gedanke der öffentlichen Sicherheit führt auch unter Friedrich dem Großen zu strengster Bestrafung, Schmidt a. a. O. 36. Auch hier kommt es nur zu einer teilweisen, aber im Gegensatz zu Sachsen-Weimar gesetzlichen Einschränkung der todeswürdigen Verbrechen; lediglich in Österreich wird die Todesstrafe im Jahre 1787 abgeschafft, doch kurz danach teilweise wieder eingeführt. In Baden ist die Entwicklung unter Karl Friedrich dieselbe wie in Weimar unter Carl August: Seit der Hofratsinstruktion von 1794 findet jedoch die Todesstrafe nur noch bei Verbrechen gegen Menschenleben Anwendung. Schmidt a. a. O. 33 f., von Bar a. a. O. 158 ff., Lenel a. a. O. 184 f., auch 218.

Bestätigung des Landesherrn. Die Strafe wird zumeist durch das Schwert, mitunter jedoch auch durch den Strang vollzogen, ja noch 1804 trägt man keine Bedenken, einen Brandstifter mittels der gesetzlichen Feuerstrafe vom Leben zum Tod zu bringen[37]).

Eine grundsätzliche Stellungnahme findet sich lediglich bei der Bestrafung der Kindesmörderinnen[38]). Die der Johanna Höhn wegen der Tötung ihres außer der Ehe geborenen Kindes im Jahre 1783 drohende Todesstrafe wirft die Frage der Abschaffung der gesetzlichen Strafe und ihre Ersetzung durch eine angemessene Freiheitsstrafe auf[39]). Man sieht, »daß die unzähligen Exempel, welche an Kindesmörderinnen durch deren Hinrichtung mit dem Schwert oder durch die sonst üblich gewesene noch härtere Todesart der Ertränkung statuiert worden, bisher, wie die durchgängige Erfahrung gelehrt, den Nutzen und die Wirkung nicht gehabt haben, die darauf immer wieder von neuem vorgekommenen Fälle von Verbrechen dieser Art abzuwenden oder auch solche nur seltener zu machen«[40]). Man sucht diese Erscheinung damit zu erklären, daß »die Kindermörderinnen zur niedrigsten Klasse des Pöbels gehören und der Eindruck, welchen das Beispiel einer Hinrichtung auf die zum Nachdenken nicht gewöhnten Gemüter dieser Art von Menschen macht, mit soviel Schrecknissen derselbe auch anfänglich begleitet sein mag, dennoch nur solange, als die fürchterliche Szene ihnen in die Sinne fällt oder doch nicht viel länger dauert, und in kurzer Zeit entweder ganz erlischt oder doch so schwach wird, daß solcher, wenn nachher bei ihnen die unglückliche Stunde der Versuchung zu einem ähnlichen Verbrechen kommt, die alsdann in ihrer vollen Kraft auf sie wirkende Furcht vor der Schande und anderen Beschwerlichkeiten nicht mehr überbieten kann, und die schreckliche Tat des Kindesmordes, wozu sie sich durch die Hoffnung, diesen Übeln zu entgehen, gereizt fühlen, fast immer eher vollbracht ist, ehe sich das entferntere Bild der allenfalls zu befürchten habenden Todesstrafe ihrem Gemüte darstellt[41])«. Dem Geist der Gesetze — ihrer eigentlichen Absicht, künftige Verbrechen

---

[37]) Eisenacher Archiv, ungeordnete Rechtssachen: Akte wider Annemarie Thomas zu Hötzelsroda 1803.

[38]) Zum folgenden s. weiter die oben Anmerkung 33 zitierte Akte.

[39]) Um diese Frage, der in der zweiten Hälfte des 18. Jahrhunderts eine ungeheure Bedeutung beigemessen wurde, da überall die gesetzlichen Strafen trotz ihrer Strenge keinen Erfolg zeigten, entspann sich eine ungemessene Literatur; das v. Dahlberg und Michaelis veranstaltete Preisausschreiben sah allein 400 Bewerber (Lenel a. a. O. 187 f.).

[40]) B. 2754.

[41]) ebenda.

zu verhüten — scheint es angemessener zu sein, die gesetzliche Todesstrafe durch eine andere und wirksamere Strafe zu ersetzen. Diese solle mit den Motiven und dem Reiz wie den Lockungen zur Tat in einer näheren Relation stehen. Durch sie solle dem Urgrund der sich immer wiederholenden Kindesmorde — der Furcht vor der Schande und den mit der Ernährung und der Erziehung des Kindes für die Mutter verbundenen Mühseligkeiten — die Furcht vor einer bei Entdeckung der Tat unausbleiblichen, viel größeren und fortdauernden Schande und öffentliche Beschimpfung entgegengesetzt werden: Man denkt an ein Abschneiden des Haares, öffentliche Geißelung und ihre Wiederholung zu mehreren Malen im Jahre, vorzüglich auch am Tage des Kindesmordes, verbunden mit lebenslänglicher Internierung im Zuchthaus und Anhaltung zu harter Arbeit[42]). Carl August hat zu dieser Frage persönlich keine Stellung genommen. Jedoch läßt sich aus der Tatsache, daß er ausdrücklich die Stellungnahme seiner sämtlichen Minister mit Einschluß Goethes verlangt[43]), und aus einer Bemerkung in dem Votum Fritschs[44]), daß die »quästio an der Abschaffung der Todesstrafe« beinahe entschieden zu sein scheine, entnehmen, daß diese Gedanken die persönliche Stellung des Landesherrn wiederspiegeln[45]). Doch findet Carl August bei Fritsch, Schmauß und selbst bei Goethe keine Gegenliebe: Fritsch[46]) glaubt, daß gerade in den Fällen des Kindesmordes das jus talionis besonders angebracht sei, und nur die Furcht vor der Wiedervergeltung die Klasse der Menschheit, bei der dieses Verbrechen am häufigsten vorkomme, der auch ein elendes und schmachvolles

---

[42]) Gedankengänge, die fast völlig mit den in Schweden gemachten Beobachtungen, wie sie von Lenel a. a. O. 190 beschrieben werden, übereinstimmen; lediglich die Folgerungen sind hier und dort nicht die gleichen: In Schweden wird die Todesstrafe beseitigt und an ihre Stelle lebenslängliches oder zeitliches Zuchthaus gesetzt, oft verschärft durch jedesmaligen Pranger am Mordtage; Kirchenbuße und Hurenstrafen bleiben bestehen. Über die entgegengesetzten Folgerungen in Sachsen-Weimar s. weiter unten.

[43]) Votum Schmauß in B. 2754 und Goethes Bemerkung: »auch ich«.

[44]) ebenda vom 25. Oktober 1783.

[45]) Hartung a. a. O. 190, dessen Darstellungen im wesentlichen mit der hier gegebenen übereinstimmt, läßt Carl Augusts persönliche Ansicht offen; die im Text angeführten Momente scheinen mir jedoch für die hier geäußerte Ansicht zu sprechen. Die von Hartung berührte Abneigung gegenüber einer übertriebenen Milde liegt auf einem ganz anderen Gebiet, sie bezieht sich auf die Rechtsprechung und die Anwendung bzw. Nichtanwendung der bestehenden Gesetze durch diese. Hier handelt es sich jedoch um einen Gesetzgebungsakt, eine Abänderung bestehender Gesetze auf gesetzgeberischem Wege.

[46]) S. Anm. 44.

Leben gemeiniglich immer noch wünschens- und lebenswert bleibe, von einer Begehung der Tat abzuhalten vermögend sei; ihm scheint die gesetzliche Strafe wirksam und angemessen, die vorgeschlagene Ersatzstrafe aber zu hart, da durch die in Aussicht genommenen Folgen die Delinquentinnen nicht minder zur Verzweiflung getrieben würden; Schmauß[47]) läßt die Einführung einer anderen Strafe lediglich von der Wirkung der Strafe als solcher auf die Menschheit — nicht auf die Verbrecherin abhängig sein. Der Tod sei und bleibe die härteste Strafe, vorzüglich in Hinsicht auf seine abschreckende Wirkung und seinen Eindruck auf die menschliche Gesellschaft. Keine andere Strafe könne mit der des Todes verglichen werden. Der Eindruck vergehe bei der neuen Strafe ebenso wie bisher bei der Todesstrafe, und die Schmach wie der Wunsch, ihr zu entgehen, werde nicht minder groß sein. Fritsch ebenso wie Schmauß stehen auf dem Standpunkt, daß jede Härte durch das landesherrliche Begnadigungsrecht beseitigt werden könne. Goethes Votum findet sich nicht in den Akten, er traute es sich nicht zu, seine Gedanken über die Abschaffung der Todesstrafe in ein Votum zu fassen[48]). Ein längerer Aufsatz, in dem er seine Gedanken auseinandersetzen will, ist nicht mehr auffindbar. Es ergibt sich aber aus einer späteren persönlichen Bemerkung in den Akten[49]), daß der Aufsatz sich inhaltlich voll und ganz mit den Gedanken Fritschs und Schmauß' deckt und ihnen in allen Punkten beistimmt. Auch Goethe spricht sich somit gegen eine Beseitigung der Todesstrafe bei Kindesmörderinnen aus. Dieser übereinstimmenden Ablehnung gegenüber wagt Carl August sich anscheinend nicht zu einer Änderung des bestehenden gesetzlichen Zustandes zu entschließen. Ja er bestätigt sogar das vom Schöppenstuhl gesprochene Todesurteil, das wenig später auch vollstreckt wird. Spätere Todesurteile lassen die noch vorhandenen Akten in Untersuchungen wegen Kindesmordes nicht mehr erkennen. Im selben Jahre steht noch ein zweiter Fall zur Untersuchung[50]), bei dem sich aber die Anwendung der Folter zu einer völligen Überführung notwendig macht. Um diese zu umgehen, wird auf lebenslängliches Zuchthaus erkannt; reichlich fünf Jahre später wird die Delinquentin wegen ihrer guten Führung begnadigt.

Gelingt die Beseitigung der Todesstrafe als Strafdrohung beim Kindesmord nicht, so sucht man in der Folgezeit doch wenigstens

---

[47]) Ebenda, das Gutachten vom 26. X. 1783.

[48]) S. seine persönlichen Bemerkungen vom 25. X. ebenda.

[49]) Ebenda vom 4. Nov.

[50]) B. 2753.

mit seinen Ursachen das Verbrechen selbst zu beseitigen[51]). Die Mittel dazu sieht man in einer völligen Änderung der gegenüber den fleischlichen Vergehen geltenden gesetzlichen Bestimmungen: 1786[52]) wird die Kirchenbuße beseitigt, die bisher bei zahlreichen Vergehen neben der weltlichen Strafe erkannt worden und zu einer beschimpfenden, durch Geld abkaufbaren[53]) und dadurch nur die Armen treffenden Nebenstrafe ausgeartet war. Schon längst hatte sie ihren Endzweck, die Wiederaussöhnung mit der kirchlichen Gemeinde, völlig verfehlt[54]). Die Freiheit der geschwächten Frauensperson von sämtlichen geistlichen und weltlichen Strafen wie dem Zwang, sich im Jenenser Entbindungshaus einzufinden, wird ausgesprochen. Lediglich den Stuprator trifft noch eine geringe Geldstrafe, die zum Teil der Kirche, zum Teil dem Entbindungshaus als Entschädigung zugesprochen wird. Diese Befreiung von jeder weltlichen Strafe und der vermeintlichen öffentlichen Beschimpfung durch die Kirchenzensur soll den unehelich geschwängerten Frauenspersonen jeg-

[51]) Zu dem folgenden: B. 2268a, B. 2289, B. 2302 a, B. 2312, B. 2315 a, B. 2330a, B. 2333a, B. 2341b, B. 2344, B. 3672b und Kultusmin. III, 42, 7.

[52]) Bes. B. 2315a und das Regulativ vom 15. Mai 1786 (gedr. bei Schmidt 2, 69ff.; 5, 66 und von Göckel I, 287f.).

[53]) So B. 2315a.

[54]) Um die Abschaffung der Kirchenbuße tobt ein jahrzehntelanger Kampf, der bis auf das Jahr 1751 zurückgeht: Das Konsistorium setzt sich mit großer Heftigkeit für die Beibehaltung der Kirchenzensur ein, zunächst sogar noch für eine häufigere Anwendung. Doch gelingt es ihm nicht, die der Zeit entsprechende Entwicklung aufzuhalten: 1777 wird die Kirchenbuße zunächst bei allen Diebstählen als Strafe abgeschafft und am 15. Mai 1786 erfolgt im Zusammenhang mit der Milderung der Strafdrohungen gegenüber den fleischlichen Vergehen ihre gänzliche Aufhebung. Während Herder sich für ihre Beibehaltung ausspricht, glaubt Goethe, daß sie völlig ausgeartet sei und ihren Zweck durch die Möglichkeit der Dispensation, des Abkaufs mittels einer Geldsumme, völlig verfehle. Er sowohl wie Schmauß sprechen sich beide für eine Beseitigung aus. (S. bes. die in kulturhistorischer Beziehung ungemein interessante Akte B. 2268a, ferner B. 2302a u. B. 2315a. Die genannten Gutachten Goethes und Schmauß (vom 14. bzw. 15. Dez. 1780) befinden sich in der Akte B. 3672b. Siehe aber auch Suphan: Goethe im Conseil, wo Goethes Gutachten abgedruckt ist; Herders Werke, Bd. 31 S. 753ff.). Im übrigen muß in diesem Zusammenhang auf die sehr ausführlichen Bemerkungen Hartungs in dem Abschnitt über Kirche und Schule, insbesondere 124ff. Bezug genommen werden. Lediglich die Ansicht Hartungs, daß die Kirchenbuße zu einer kümmerlichen Sonderstrafe der unehelichen Schwängerung und des Ehebruchs geworden sei, ist unrichtig: Man vgl. den Wortlaut des Gesetzes vom 15. Mai 1786 und den Zweck, der der Neuordnung zugrunde liegt (nur eine Privatadmonition ist noch erlaubt: Anordnung vom 15. Mai 1786 an das Oberkonsistorium in B. 2315a.)

lichen Vorwand nehmen, aus Furcht vor öffentlicher Schande, vor harter Strafe und vor den mit der Ernährung des Kindes verbundenen großen Beschwerden die Schwangerschaft zu verheimlichen und dadurch schon den Verdacht einer beabsichtigten Abtreibung oder Tötung des eben geborenen Kindes zu erregen. Deshalb wird nicht nur für die Geschwängerte, sondern allgemein die Pflicht zur Anzeige der Schwangerschaft ausgesprochen; die Verschweigung zieht nach wie vor langjährige Zuchthausstrafe nach sich [55]).

Ursprünglich sollten die gleichen milden Strafdrohungen auch auf den einfachen Ehebruch Anwendung finden, lediglich mit dem Unterschied, daß den Stuprator eine auf 12 Taler erhöhte Geldstrafe trifft. Alsbald erkennt man jedoch, daß verheirateten Frauen gegenüber jene Milde nicht am Platze sei. Und schon am 13. Juni 1786 ergeht auf Anregung der beiden Landesregierungen die Anordnung, daß die mit ihrem Mann zusammenlebende Frau mit der gesetzlichen Strafe, die getrennt lebende oder geschiedene nach dem Ermessen der einzelnen Regierung mit Geld, Gefängnis oder Zuchthaus bestraft werden solle. Die Strafe des Stuprators bleibt dieselbe. Aus ähnlichen Erwägungen wird bestimmt, daß jede Dirne, die sich zum dritten oder vierten Male schwängern läßt, mit harter Leibesstrafe belegt werden soll [56]). Der in diesem Fall neben der Freiheitsentziehung angedrohte und erkannte Pranger war schon früher — 1783 — seiner Härte wegen in Wegfall gekommen [57]).

Der Erfolg dieser dem Zeitgeist entsprechenden [58]) Beseitigung der Kirchenbuße und Linderung der Strafdrohungen der leich-

---

[55]) B. 3672b.

[56]) B. 1315a.

[57]) B. 2752 und Schmidt 2, 178.

[58]) In Preußen schafft Friedrich II. bald nach seinem Regierungsantritt (1746) die Kirchenbuße ab, und 1765 folgt die Beseitigung sämtlicher Hurenstrafen. Jedoch auch Friedrich läßt es bei der Todesstrafe gegenüber den Kindesmörderinnen bewenden. Auch er begnügt sich mit bloßen Verhütungsvorschriften, die den in Sachsen-Weimar getroffenen Maßnahmen in sehr hohem Maße gleichen. Auch in Preußen droht der unehelichen Mutter, die ihre Schwangerschaft verbirgt, langjähriges Zuchthaus (s. die preuß. V. O. wider den Mord unehelicher Kinder, Verheimlichung der Schwangerschaft und Niederkunft vom 8. Febr. 1765, Schmidt a. a. O. 28 und 61 ff., Abegg a. a. O. 147 ff., Lenel a. a. O. 189 ff., Malblank a. a. O. 238 und Willenbücher a. a. O. 45ff.). Mecklenburg hebt die Kirchenbuße als Strafe 1753 auf (Landsberg a. a. O. III, 1, 409). In Schweden wird 1778 zwar die Todesstrafe gegenüber den Kindesmörderinnen beseitigt, aber nichts gegen die eigentlichen Gründe der vielfachen Kindestötungen unternommen, weder die Kirchenbuße noch die Hurenstrafen werden beseitigt. Zur Gesamtentwicklung: Lenel a.a.O. 187 ff.

teren Sittlichkeitsvergehen bleibt nicht aus. Wohl[59]) finden noch vereinzelt Untersuchungen wegen Kindesmord statt, doch kann in keinem Verfahren der Beweis völlig erbracht, niemals muß ein Todesurteil gefällt werden. Deshalb ist auch ein Antrag auf eine strengere Bestrafung der Fleischesvergehen, der 1803 von den Landständen des Eisenacher Fürstentums gestellt wird und seine Gründe in der wachsenden Sittenverderbnis der neunziger Jahre und der großen Zahl der Stuprationsfälle findet, von vornherein zum Scheitern verurteilt. Man sieht den Grund der Zunahme fleischlicher Vergehen in der Sittenverderbnis, die durch französische Soldaten und Emigranten heraufbeschworen ist, in dem höheren Luxus des Aufklärungszeitalters, den öffentlichen Lustbarkeiten und der dadurch gegebenen Gelegenheit zum Leichtsinn und zu geschlechtlichen Ausschweifungen; nicht zuletzt aber auch in den schwierigeren Erwerbsmöglichkeiten und dem Notstand der ärmeren Bevölkerungsschichten, die ehelichen Verbindungen in zunehmendem Maße erschweren. Keinesfalls glaubt man ihn in jenen milden gesetzlichen Bestimmungen suchen zu dürfen. Einstimmig sprechen sich daher auch die Vota der Regierungsmitglieder[59]) gegen schärfere gesetzliche Strafdrohungen aus. Lediglich eine Erhöhung der durch die Geldentwertung geringfügig gewordenen Geldstrafe des Stuprators wird mehrfach gewünscht. Nur der Kanzler von Müller setzt sich für eine 8 bis 14 tägige Gefängnisstrafe bei Ehebrechern ein. Doch auch in diesen Punkten bleibt es bei den im Jahre 1786 erlassenen gesetzlichen Bestimmungen.

Jene Beseitigung der Strafe des Prangers bei den Weibern, die sich zum dritten oder vierten Male in Unehren haben schwängern lassen, bleibt der einzige Fall, wo zur Frage der Prangerstrafe, ihrer Beibehaltung oder ihrer Beseitigung auf gesetzlichem Wege Stellung genommen wird. Wohl wurde schon 1780[61]) den Landesjustizbehörden die Erlaubnis erteilt, in allen Fällen, die eine Milderung ratsam sein ließen, die Strafe des Halseisens in eine minderschwere Strafe abzuändern, jedoch bleibt dieses die einzige Milderung. Der Pranger oder das Halseisen bleiben als Strafe in Anwendung. Noch 1804[62]) wird vom Amt Jena wegen eines Felddiebstahls auf halbstündigen Pranger erkannt und das Urteil bestätigt. Gleichzeitig ergeht sogar die Anordnung, auch

[59]) Zum folgenden: B. 2344, bes. B. 3672b.

[60]) B. 3672 b.

[61]) v. Göckel I, 257: Reskript an die Eisenacher Regierung vom 27. X. 1780.

[62]) B. 2795.

bei den unbedeutendsten Felddiebereien auf die gesetzliche Strafe des Prangers zu erkennen, unbeschadet einer Begnadigung durch die Regierung in besonders gearteten Fällen. Geschieht eine Verwandlung der verwirkten gesetzlichen Strafe, so tritt an ihre Stelle gewohnheitsmäßig 8 bis höchstens 14 tägiges Gefängnis[63]). Ihre besondere Note erhält diese Anordnung dadurch, daß hier zum ersten Male ganz deutlich ein Vorstoß gegen die Praxis der Gerichte unternommen wird, willkürliche Strafen an Stelle der gesetzlich bestimmten anzuwenden. Sie ist der erste Ausdruck jener in dem Aktenmaterial der folgenden Zeit immer wieder hervortretenden und besonders von Carl August selbst vertretenen Forderung, die gesetzlichen Strafdrohungen anzuwenden und ihre Härten durch das landesherrliche Begnadigungsrecht, nicht durch Substituierung einer Ermessensstrafe abzuwenden.

So mildern die humanen Tendenzen des Zeitalters die starren gesetzlichen Normen. Zweckmäßigkeitserwägungen allein sind es, die 1778 die Umwandlung leichterer Strafen, kurzer Gefängnis- und nicht eintreibbarer Geldstrafen, in Straßen- und Wegebauarbeit veranlassen und so dem Strafvollzug unmittelbar nutzbar machen wollen. Ein Tag Gefängnis oder 12 Groschen Geldstrafe stehen zwei Tagen Arbeit mit Kost bzw. drei Tagen ohne diese gleich[64]). Diese Umwandlung hat, vor allem bei nicht eintreibbaren Geldstrafen, jahrelang stattgefunden. Von einem wirklichen Erfolg kann jedoch nicht gesprochen werden. Der eigentliche Zweck wird nicht erreicht, im Gegenteil — das landesherrliche Interesse wird nur geschädigt. 1785 berichtet der Eisenacher Wegebaumeister Schmid an seine vorgesetzte Behörde: »Es täte Not, daß man bei jedwedem einen aparten Aufseher hinstellte, der sie zur Arbeit antriebe, weil sie solche nur als eine Frohnarbeit ansehen und bloß mit der Schaufel verrichten wollen«[65]). Und wieder 1787 in einem weiteren Bericht beklagt er sich darüber, daß die Inkulpaten entweder gar nicht kommen oder ihre Jungen schicken; wenn sie schon kämen, so seien sie faul und arbeiteten schlecht, da sie zumeist in der zu leistenden Arbeit gänzlich unwissend und ungeschickt seien. Oft kommt es auch vor, daß die einzelnen Leute durch den Gerichtsdiener zwangsweise geholt werden müssen. Kein Wunder, daß 1792 zum letzten Male von einer Abgabe zu Wegebauarbeiten die Rede ist.

Läßt sich somit dem Zeitgeist entsprechend in den beiden Für-

[63]) B. 2391 f.

[64]) Zum folgenden: B. 2280 und das auch bei v. Göckel I, 242 und Schmidt 4, 38 veröffentlichte Reskript vom 22. Febr. 1778.

[65]) Eisenacher Archiv, Polizeisachen 138.

stentümern eine weitgehende Milderung und Humanisierung feststellen, sei es durch einzelne gesetzliche Abänderungen der mittelalterlichen Strafgesetze, sei es durch die Tätigkeit der Praxis und nicht zuletzt durch die Handhabung des Bestätigungsrechts, so fehlt es doch hier wie in den meisten anderen deutschen Ländern [66]) vielfach an den notwendigen gesetzlichen Grundlagen. Vor allem fehlt eine Bestimmung des Strafrahmens der in den Mittelpunkt des Strafensystems gerückten Zuchthausstrafe, eine Festsetzung ihres höchsten und geringsten Maßes bei dem einzelnen Verbrechenstatbestand. Denkt man zu dieser Zeit schon gar nicht daran, die Forderung der Wissenschaft nach neuen, möglichst eingehenden Strafgesetzen zu verwirklichen [67]), so wird auch an keiner Stelle der Gedanke einer gesetzlichen Feststellung des Verhältnisses der Freiheitsstrafen zu den Strafen der Carolina erwähnt. Lediglich dem Richter bleibt die Bemessung des Strafmaßes überlassen, und hieraus erklären sich die verschiedenartigsten Erkenntnisse in fast gleichliegenden Fällen. Diese Stellung der Richter und die von der Wissenschaft — sie hat durch die Spruchtätigkeit des locus ordinarius und anderer Dikasterien weitgehenden Einfluß — geförderte freie Auslegung des bestehenden Rechts nach dem Geiste der Gesetze, schließlich der Gedanke einer allgemeinen Herrschaft der Vernunft, d. h. im Grunde der subjektiven Meinung des einzelnen Richters, ebneten unter Beibehaltung der mittelalterlichen gesetzlichen Strafdrohungen der Willkür und der Uneinheitlichkeit in der Rechtsprechung alle Wege. Es ist dies ein Bild, das für die Lande Carl August's wie für alle deutschen Staaten dieser Zeit gilt, die nicht zu gesetzlichen Maßnahmen greifen [68]). Lediglich die sorgsame und gewissenhafte Ausübung des landesherrlichen Bestätigungsrechtes steuert bei den schweren Delikten allzugroßer Härte oder Milde der rechtsprechenden Institutionen. In Sachsen-Weimar lassen die Akten dieser Zeit noch keine grundsätzliche Stellungnahme zu der wachsenden Willkür und Uneinheitlichkeit der Rechtsprechung erkennen,

---

[66]) S. die bei Wächter a. a. O. 200 f. aufgeführten Einzelbeispiele.

[67]) Die erfolgreichste Schrift ist die von E. v. Globig und G. Huster: Abhandlung von der Criminalgesetzgebung, Zürich 1783.

[68]) Hierüber Frank a. a. O. 55 ff., von Zahn a. a. O. 9, Malblank a. a. O. 230, v. Bar a. a. O. 144 ff., Eichhorn, Deutsche Staats- und Rechtsgeschichte IV. Teil, S. 291. Für Preußen Hälschner a. a. O. 162 ff. und für Baden Lenel a. a. O. 177 ff.: Während in Preußen das allgemeine Landrecht hemmend eingreift, kommt es in Baden durch die Hofratsinstruktion des Jahres 1794 zu einer gewissen gesetzlichen Regelung (bes. Lenel a. a. O. 195 ff.)

erst spätere [69]) ergeben wachsende Abneigung des Landesherrn und seiner Berater gegen die übertriebene Milde der Zeit und »die neumodische Philantropie der Rechtsgelehrten« [70]).

Das eigentliche Strafprozeßrecht bleibt seinem ganzen Charakter nach dasselbe: Nach wie vor ist und bleibt noch jahrzehntelang der Inquisitionsprozeß des gemeinen Rechts das tragende Gerüst einer jeden Kriminaluntersuchung. Jenes Verfahren, in dem dem Richter zu gleicher Zeit auch die dem Staate zustehende Befugnis, begangene Verbrechen zu verfolgen, übertragen und in dem der Angeschuldigte einem mit richterlichen Machtmitteln und richterlicher Machtvollkommenheit ausgestatteten Ankläger wehrlos preisgegeben ist. Ebensowenig wie in Preußen und dem übrigen Deutschland [71]) denkt man in Sachsen-Weimar an eine Beseitigung dieses Verfahrens. Vielmehr glaubt man, diese Stellung des Richters auch einer Reform des Zivilprozesses zugrundelegen zu sollen [72]). Lediglich einzelne von der Zeit für veraltet und unhuman erklärte und von ihrer geistigen Trägerin, der Wissenschaft, in Wort und Schrift bekämpfte Formen des Inquisitionsprozesses werden abgeschafft oder in ihrer Anwendung eingeengt. Auch bei diesen Neuerungen unterscheidet sich die Entwicklung in den beiden Fürstentümern in nichts von der der übrigen deutschen Staaten [73]). Die Beschränkung der Aktenversendung, das Abhängigwerden der Anordnung der Spezialinquisition von der vorherigen Stellungnahme der Regierung, die Einengung des Supplikenwesens sind oben bei der Darstellung der Gerichtsorganisation und der Stellung der einzelnen beteiligten Behörden zueinander und zu dem Jenaer Schöppenstuhl erwähnt worden [74]). Es bleibt die Darstellung des Beweisverfahrens und des Einflusses derjenigen Zeitforderungen auf Carl August und die leitenden Beamten, die sich in gleicher Weise gegen die Anwendung der Tortur und der Realterrition richten wie gegen die des Reinigungseides, auf den bei nicht ausreichender Überführung der Inquisiten erkannt zu werden pflegte [75]). Reinigungseid, Folter und Realterrition sind in den ersten

[69]) S. weiter unten die im zweiten Abschnitt gegebene Darstellung.

[70]) Persönliche Bemerkung Carl Augusts in B. 2391 r.

[71]) Über die allgemeine Entwicklung in Deutschland: v. Hippel a. a. O. 285, über die in Preußen: Hälschner a. a. O. 177 und die in Baden: Lenel a. a. O. 219 f.

[72]) Hierzu die Darstellung bei Hartung a. a. O. 111.

[73]) Bes. Lenel a. a. O. 119 ff. und für Preußen Hälschner a. a. O. 177.

[74]) Kap. I.

[75]) In Preußen schafft Friedrich der Große sogleich nach seinem Regierungsantritt die Folter ab (s. oben Einleitung). Unter dem Einfluß der Schrift Beccarias folgt ihm 1767 als erster Markgraf Karl Friedrich von

Regierungsjahren Carl Augusts in Weimar und in Eisenach durchaus üblich[76]). Während jedoch der Reinigungseid auch in den Folgejahren weitere Anwendung findet, — nur bei schwereren Verbrechen wird er seltener auferlegt[77]) — zeigt sich schon zu Anfang der 80er Jahre eine wachsende Abneigung Carl Augusts gegen die Folter oder auch nur gegen ihre bloße Androhung[78]). Eine gewisse Milde hatte schon früher — spätestens 1754[78]) — durch die gesetzliche Einführung der weniger harten und grausamen, heute jedoch noch martervoll genug anmutenden Bamberger Tortur in den beiden Fürstentümern Eingang gefunden. Sie bestand statt der sonst üblichen mehrfachen Grade lediglich in einer mehrere Tage nacheinander wiederholten Durchpeitschung mit Haselruten oder Lederpeitschen. Indessen scheinen in der Praxis jene härteren gewöhnlichen Formen beliebter gewesen zu sein; denn die Schöppenstuhlssprüche dieser Zeit erkennen zumeist auf diese, und selbst die Eisenacher Landesregierung beantragt 1785 die Anwendung der Realterrition durch Anlegen des Marterhemdes, Stellen auf die Leiter und Benutzen der Daumenschrauben[80]). 1783 gibt der Spruch des locus ordinarius in der Untersuchungssache gegen die des Kindsmords beschuldigte Marie Rost aus Mellingen auf Anwendung der Tortur Carl August die erwünschte Gelegenheit, eine Stellungnahme der geheimen Kanzlei und der beiden Landesregierungen herbeizuführen[81]). »Aus überzeugenden Ursachen« nicht ge-

---

Baden, 1769 Mecklenburg und ein Jahr später Kursachsen; 1776 wird sie in Österreich, erst 1809 in Württemberg beseitigt, jedoch fast überall behält man sich Ausnahmen vor. — Der Reinigungseid wird in Preußen jedoch erst nach 1776 nach Möglichkeit vermieden, in Baden ist er dagegen schon 1762 nach dem Vorbild Dänemarks, aber auch nicht ausnahmslos, in Kursachsen seit 1783 aufgehoben. (Neufeld a. a. O. 45, Hälschner a. a. O. 174, Willenbücher a. a. O. 57, Lenel a. a. O. 222 ff., Landsberg III, 1, 409, v. Zahn a. a. O. 11, Malblank a. a. O. 241, u. Stübel a. a. O. § 1184.

[76]) Z. B. B. 2741, B. 2743, B. 2747, B. 2783.

[77]) So B. 2763.

[78]) Eisenacher Archiv ungeordnete Rechtssachen, Geheime Kanzleiakte betr. den Hornungsmüller Schäfer in Wiesenthal 1785.

[79]) S. die betreffende gesetzliche Bestimmung vom 7. Juni 1754 bei Schmidt 8, 430; nach Lenel a. a. O. 230f. ist sie außer in Sachsen-Weimar und in Sachsen-Eisenach noch in den geistlichen Fürstentümern Bamberg, Würzburg und Mainz in Übung gewesen. Nach Lenels Darstellung muß die Bamberger Tortur in Sachsen-Weimar schon vor 1754 in Gebrauch gewesen sein. Indessen ergab sich eine Bestätigung dieser Ansicht aus den Akten nicht.

[80]) S. Anm. 78 zit. Eisenacher Akte, ferner B. 2737 u. 2809.

[81]) Zu dem Folgenden B. 2753: Diese Akte ist Hartung (S. 117 Anm. 2) nicht bekannt gewesen. Sie ist besonders wertvoll, da sie das in der oben

willt, »an einem in Untersuchung geratenen Menschen, wenn derselbe sein Verbrechen nicht eingesteht und dessen wie Recht nicht überführt worden, dergleichen Marter vollstrecken zu lassen«, verlangt er von der Weimarer und der Eisenacher Regierung gutachtliche Äußerungen darüber, welche sonstigen Mittel in diesem und in jedem andern Falle zur Anwendung kommen könnten, um ein Geständnis zu erlangen oder doch wenigstens die Wahrheit zu erfahren, und mit welcher und einer wie hohen Strafe derartige Inquisiten für den Fall, daß ein Geständnis nicht zu erreichen sei, belegt werden möchten. Die Gutachten sind nicht mehr bei den Akten. Weitere Bemerkungen lassen jedoch erkennen, daß die Ansichten der einzelnen Regierungsräte grundverschieden gewesen sein müssen. Deshalb behält sich Carl August auch zunächst noch seine Entscheidung über die Frage der Beibehaltung der Tortur vor, gegen die Rost erkennt er auf lebenslängliches Zuchthaus. Über die endgültige Entschließung Carl Augusts verlautet nichts mehr. Jedoch bezeugt eine weitere Untersuchung aus dem Jahre 1785, die dem Landesherrn mit Rücksicht auf seine noch nicht ergangene Resolution unterbreitet wird, daß Gesinnung und Stellungnahme die gleiche geblieben sind[82]). Auch jetzt ist er »aus bewegenden Ursachen, die Tortur an dem Inquisiten vollstrecken zu lassen, nicht gemeinet«. Diese Stellung bleibt auch in der Folgezeit dieselbe, und praktisch ist seit jenen Reskripten vom 28. Okt. 1783 die Folter und ihre Anwendung in Sachsen-Weimar-Eisenach beseitigt. Die Untersuchungsakten der nächsten Jahre[83]) ergeben keinen einzigen Fall der Bestätigung eines Jenaer Urteils, das auf Anwendung der Tortur erkennt. So ist es auch zu erklären, wenn bei der späteren einheitlichen gesetzlichen Regelung, die durch die Gebietserweiterung notwendig wird, von geheimen Instruktionen die Rede ist, die die Beseitigung der Folter für die alten Lande ausgesprochen hätten[84]). Nur die beiden genannten Reskripte können gemeint sein.

Die durch die Beseitigung der Tortur entstehende und allein durch die freilich nicht erfolgende Einführung des Indizienbeweises als vollgültiges Beweisverfahren zu schließende Gesetzeslücke suchen Carl August und seine Berater dadurch auszufüllen, daß in

---

Anm. 78 und auch bei Hartung genannten Eisenacher Akte inhaltlich angegebene Reskript vom 28. Okt. 1783 an die Weimarer Regierung enthält. Die Hartungsche Darstellung konnte demgemäß ergänzt werden.

[82]) S. Anm. 78.

[83]) B. 2745 bis 2810; bes. B. 2797, auch B. 2809.

[84]) S. unten S. 98.

allen Fällen, in denen sonst auf die Anwendung der Folter erkannt worden wäre, lebenslängliche, zeitlich bestimmte oder unbestimmte Zuchthausstrafen verhängt werden. Hierbei wird häufig die Dauer des Aufenthalts in der Zucht- und Besserungsanstalt von der mehr oder weniger guten Führung des Inquisiten abhängig gemacht[85]). Es ist dieselbe Art und Weise, in der man sich auch in Preußen und in Baden behilft[86]). Erscheint der Verdacht aber nicht hinreichend begründet, so wird der zur Untersuchung Gezogene freigesprochen, es sei denn, daß hierdurch die öffentliche Sicherheit Gefahr zu laufen droht. In letzterem Fall erfolgt regelmäßig eine Abgabe an ein fremdes Heer, und nur, wenn diese nicht möglich, kommt es zu einer Internierung im Zuchthaus — und zwar zumeist auf Kosten der für ihre und ihrer Bewohner Sicherheit fürchtenden Heimatgemeinde des Inkulpaten[87]).

Auf den Reinigungseid wird auch weiterhin bis in das 19. Jahrhundert erkannt, ebenso wie seine Ableistung erfolgt. Zur Vermeidung eines Meineides kommt es auch hier des öfteren zu einer Abgabe an fremde Truppenteile[88]), doch wird die Abschaffung zu dieser Zeit von keiner Seite angeregt noch geplant.

III. Kapitel[1]).

Der Strafvollzug.

Die bisher geschilderte Entwicklung hat gezeigt, wie die Zuchthausstrafe, sei es als ordentliche oder außerordentliche Kriminal-, sei es als Verdachtsstrafe bei fehlendem Geständnis oder als Präventivmaßnahme der Polizeiorgane mehr und mehr in den Mittelpunkt des Strafensystems tritt. Ihrem Vollzug dienen die beiden Zucht- und Besserungsanstalten zu Weimar und Eisenach. Lediglich von der Weimarer Anstalt gibt das vorhandene Material ein eingehendes Bild, und deshalb soll von ihr im folgenden die Rede sein, zumal es kaum zweifelhaft ist, daß das Eisenacher Haus und

[85]) B. 2753.

[86]) Wächter a. a. O. 50 f., Willenbücher a. a. O. 48 ff., Lenel a. a. O. 227.

[87]) Z. B. B. 2746 und B. 2763.

[88]) S. z. B. Eisenacher Archiv ungeordnete Rechtssachen, Untersuchungsakte gegen Heinrich Zacharias John.

[1]) B. 5481, B. 2284a, B. 2295, B. 2337, B. 2339, B. 2339a, B. 2340a, B. 2350a, und B. 2395; nur ganz kurz Hartung a. a. O. 119f. Allgemein s. bes. Wagnitz, Hist. Nachr. über die merkwürdigsten Zuchthäuser in Deutschland I. u. II. Band, sowie Wächter, Über Zuchthäuser und Zuchthausstrafen. Über den Zustand der Preuß. Anstalten: v. Arnim, Über Verbrechen und Strafen sowie Hälschner a. a. O. 240 ff. S. auch Lenels a. a. O. 229 bis 236 ähnliche Darstellung des Pforzheimer Zuchthauses.

sein Zustand sich nicht wesentlich von dem des Weimarer unterschieden haben.

Die Weimarer Zucht- und Besserungsanstalt[2]) ist nicht allein Strafanstalt. Sie nimmt auch die zur Eruierung der Wahrheit Festgenommenen auf. Darüber hinaus finden Irre und Melancholische, Blinde und Gebrechliche jeder Art — diese meist auf Wunsch und Kosten der zu ihrem Unterhalt verpflichteten Personen — dort ihr Unterkommen. Zu ihnen gesellen sich die im Lande aufgegriffenen Vagabunden, Landstreicher und Bettler. Ebenso werden alle der öffentlichen Sicherheit gefährlichen Personen in der Anstalt untergebracht. Das Gebäude befindet sich, wie die meisten dieser ersten Internierungsstätten[3]), mitten in der Stadt Weimar selbst. Aber auch hier nicht in freier, unberührter Lage, sondern rings von schmalen Gassen mit hohen Häusern umgeben. Zudem ist nur ein ganz kleiner Innenhof vorhanden, und kein Wunder kann es nehmen, wenn das Gebäude als »durchgehend dumpfig, ungesund und voll fauler Luft«[4]) bezeichnet wird, und die ganze Örtlichkeit der Gesundheit der Insassen nicht förderlich, vielmehr als Seuchenherd prädestiniert ist. Seit ihrer Errichtung ist noch immer dasselbe Haus in Benutzung. Ursprünglich nur für eine geringe Anzahl von 10 bis vielleicht höchstens 15 Züchtlingen bestimmt, fehlt es jetzt bei den etwa 20 bis 30 Menschen, die in der Anstalt untergebracht sind[5]), an Platz. Dieser Raummangel macht auch eine Trennung der wirklichen Züchtlinge von den übrigen Insassen des Hauses ebenso wie eine verschiedene Unterbringung der Geschlechter unmöglich. An eine Graduation der Züchtlinge, insbesondere eine Absperrung der lebenslänglich verurteilten und sonstigen schweren Verbrecher

---

2) Zum Folgenden zunächst B. 5481, dann B. 2284a, B. 2339.

3) Wächter a. a. O. 102.

4) Bericht des Baumeisters Steinert vom 8. Juni 1781 in B. 2284a.

5) Der Bericht der Visitationskommission vom 8. März 1779 ebenda spricht »von einigen 20 bis 30 wegen eines Verbrechens oder Gebrechens im Zuchthaus befindlichen Personen«. Über das genaue Verhältnis läßt sich in den Jahren bis 1800 nichts feststellen. Erst eine aus dem Januar 1805 in der Irrenhausakte B. 6284 befindliche Zuchthaustabelle läßt erkennen, daß sich zu dieser Zeit 49 Züchtlinge, darunter 5 lebenslängliche und eine große Reihe auf unbestimmte Zeit Verurteilter, sowie 7 Pfleglinge, darunter 5 Irre, im Zuchthaus befinden. Unter den Züchtlingen befinden sich weiter 9 wegen schlechten Lebenswandels und 2 wegen Trunkenheit bis auf weiteres internierte Polizeisträflinge. Später — im Oktober 1810 — werden 55 Züchtlinge, darunter 9 von der Polizei eingelieferte, und 6 Pfleglinge genannt; von den Züchtlingen sind 20 weiblichen Geschlechts. Am 1. März 1811 sind es 56 Züchtlinge, darunter 16 Frauen, und 8 Pfleglinge; von den Züchtlingen sind wieder 8 wegen Vagabundierens oder Bettelei festgesetzte Polizeisträflinge.

von denen, die nur zu einem kurzen oder kürzeren Aufenthalt verurteilt sind, ist schon gar nicht zu denken. Die Folgeerscheinung ist, daß oft gerade jene leichten Verbrecher »mehr verdorben, als gebessert« wieder hinauskommen[6]).

Die äußeren Mängel werden noch durch innere vermehrt. Die Verwaltung der Anstalt geht von einem lediglich ökonomischen Gesichtspunkt aus. Leitender Grundsatz ist, wie in den meisten Zuchthäusern damaliger Zeit, »wo nicht der Erwerb einiger Revenuen, doch wenigstens die Ersparnis mehreren Aufwands«[7]). Dies zeigt sich in der Kost, die ohne jede Rücksicht auf schwere oder leichte Arbeit, auf den körperlichen Zustand des einzelnen oder den Grund seines Aufenthalts völlig gleichmäßig verteilt wird — meist auf einmal für mehrere Tage— nicht minder in dem schlechten Zustand der notwendigsten Kleidungsstücke, in dem völligen Fehlen jeglicher Krankenfürsorge und eines besonderen Zimmers, wo die Kranken, von den Gesunden getrennt, sich aufhalten können. Um Heizmaterial zu sparen, werden die Gefangenen im Winter sämtlich in eine kleine, leicht heizbare Stube gesperrt. Selbst ein Zuchtknecht ist seit vielen Jahren gespart. Statt seiner wird ein wegen Totschlags verurteilter Sträfling verwandt[8]).

Für die wenigen Angestellten — Inspektor, Werkmeister und Köchin — insbesondere für den Inspektor fehlt jegliche Instruktion. Der Inspektor, meist ein ausgedienter Wachtmeister oder Feldwebel, muß vielfach nach freiem Ermessen handeln, und seine Anordnungen sind nicht immer zweckentsprechend. So dürfen die Sträflinge im Zuchthaus selbst ebenso wie bei einer Abgabe nach außerhalb frei umherlaufen. Auch läßt er es an einer gleichmäßigen Behandlung fehlen, Bevorzugungen mannigfacher Art, vorzüglich bei der Arbeitsverteilung, machen sich bemerkbar. Da er zugleich auch Ökonom der Anstalt ist, sind die Züchtlinge in jeder Beziehung von ihm abhängig. Nur auf die Kost selbst können sie Einfluß nehmen, indem sie sich durch Zahlungen an den Inspektor besseres Essen erkaufen oder sich überhaupt das Essen außerhalb der Anstalt bereiten lassen[9]).

Im engsten Zusammenhang mit jenem Raummangel steht neben der Unmöglichkeit einer besonderen Behandlung der leichten und schweren Züchtlinge auch die Frage ihrer Beschäfti-

---

6) Das C. D. unterzeichnete Insert vom 21. 3. 1800 in B. 5481.
7) Visitationsbericht vom 24. Okt. 1787 in B. 2284a.
8) Nach Wächter a. a. O. 137 zu dieser Zeit keine vereinzelte Maßnahme.
9) Wieder vgl. Wächter a. a. O. 139 f.

gung: Eine zweckentsprechende Tätigkeit im Innern der Anstalt verbietet die brennende Raumfrage; die hauptsächlichste Arbeit ist für beide Geschlechter die Holzspalterei, im Sommer vorzüglich außerhalb der Anstalt, im Winter ausschließlich für den eigenen Bedarf — eine Betätigung, die leicht von zwei Personen geschafft wird. Neben dem Holzspalten sucht man die Züchtlinge beim Färbeholzraspeln anzustellen. Zwar kann hier von einem einzelnen sehr viel an einem Tage geschafft werden, aber die Nachfrage ist nicht besonders groß. Die Weiber müssen außerdem noch spinnen, doch auch diese Arbeit — in anderen Anstalten die Hauptbeschäftigung[10]) — ist nicht einträglich, zumal keine sichere Aussicht auf einen Absatz des Garns innerhalb des Landes besteht. Kommt ein gelernter Handwerker ins Zuchthaus, so darf er in seinem Gewerbe weiterarbeiten, indessen auch er nur für den Anstaltsbedarf. So kommt es, daß oft gar keine Arbeit vorhanden ist, andererseits aber, wenn solche beschafft ist, kein Arbeitspensum und Arbeitszwang festgesetzt werden können, sondern es einem jeden überlassen werden muß, »nach Lust und Laune« [11]) zu arbeiten. Die natürliche Folge ist, daß selbst fleißige Arbeiter müßig, Nichtstuer in ihrer Faulheit bestärkt werden und sich dazu noch das »Führen eines bequemen und wohl größtenteils besseren Lebens als sie vor und außer dem Zuchthaus hatten und führen konnten«[12]) angewöhnen. So kann es auch geschehen, daß Züchtlinge, die im Besitze von Geld sind, unter dem Vorwand der Arbeitsunfähigkeit oder Unpäßlichkeit »in einer eigenen wohl konditionierten Stube, von aller Gemeinschaft mit den übrigen Züchtlingen abgesondert, ein sehr bequemes — wohl mitunter luxuriöses Leben« führen können [13]). Der Verdienst bei Arbeiten außerhalb der Anstalt und hierbei erhaltene Gratifikationen verbleiben gewohnheitsgemäß seit Bestehen des Zuchthauses den Insassen der Anstalt. Sie dürfen das Geld beliebig verwenden, sei es zur Aufbesserung der Kost, sei es für Getränke oder Schnupftabak. Nur selten wird er für die Zeit nach der Entlassung aufgespart [14]).

So ist die Verfassung der Weimarer Anstalt »durchgehends

---

[10]) Vgl. die ins einzelne gehenden Angaben bei Wächter a. a. O. 74ff.: So ist das Wollespinnen z. B. die einzige Beschäftigung zu Berlin, Spandau und Frankfurt a. O.; in dem Wiener, Celler, Ludwigsburger und Pforzheimer Zuchthaus sind Tuch- und Wollmanufakturen errichtet.

[11]) bis [13]) S. Bericht der Weimarer Regierung vom 28. August 1794 in B. 2332.

[14]) Zum letzten B. 2395; über die Verdienstverteilung in anderen Anstalten gibt Wächter a. a. O. 133 ff. ausführliche Einzelangaben.

übel«[15]). Der der Anstalt zugrunde liegende und auch von Carl August und der Weimarer Regierung erwünschte Zweck — die Absicht, daß »der Verbrecher gehörig bestraft und gebessert, der Gebrechliche aber eine wirkliche Erleichterung seines Zustandes erhalte«[16]) — wird nicht erreicht.

Blickt man jedoch auf das vorhandene Material über die Zuchthäuser dieser Zeit überhaupt, so sieht man, daß die Weimarer Anstalt nur ein Typus, wenn auch ein sehr schlechter, damaliger Verhältnisse ist[17]).

Die Zucht- und Besserungsanstalten oder wie sie sonst genannt sein mögen, sind wenig zur Besserung ihrer Insassen geeignet. Sie entstammen noch einer Zeit, der humane Gedanken fremd sind, der ein Verbrecher als Abschaum der Menschheit gilt und die ihn auch als solchen behandelt wissen will. Meist hat man irgendein ursprünglich für ganz andere Zwecke errichtetes Gebäude für die Verbrecher eingerichtet[18]) — an eigene Bauten dachte man bei der Einrichtung von Zuchthäusern noch nicht. Dieses Haus muß zugleich auch anderen Zwecken dienen: Bald finden wir die Waisen eines Staates im Zuchthaus mituntergebracht, bald ist es für Irre und Wahnsinnige, immer für Bettler und Vagabunden mitbestimmt, oft dient es auch zu gleicher Zeit als Leihhaus[19]). Die Zuchthauskirchen sind öffentliche Gotteshäuser, die Gefangenen sind vom Gottesdienst durch ein großes Gitter getrennt. Der Verkehr in und aus der Anstalt im Zusammenhang mit der oft nicht genügenden Verwahrung begünstigt ein Entweichen aus dem Hause, und dieses ist denn auch an der Tagesordnung[20]). Der Raummangel bedingt ein Zusammenpferchen aller. Dieselben Stuben müssen als Arbeits- und als Schlafsäle benutzt, schwere und leichte Verbrecher können nicht getrennt werden, und die Folgen sind Verführungen und Schwängerungen auf der einen, völlige Verkommnis auf der anderen Seite. Eine Gesundheitsfürsorge findet

---

15) Regierungsbericht über das Visitationsergebnis vom 4. Aug. 1779 in B. 2284a.

16) Ebenda der Bericht der Visitationskommission vom 8. März 1779.

17) Die folgende Darstellung gründet sich vor allem auf Wagnitz a. a. O. 29 ff., ferner auf v. Arnim und Wächter. Wie sehr die Verhältnisse im Weimarer Zuchthaus denen im übrigen Deutschland gleichen, wobei selbst Preußen keine Ausnahme macht, davon gibt v. Arnim II, 3, 157 ff., Hälschner a. a. O. 239 ff. und Lenel a. a. O. 229 ff. beredten Ausdruck.

18) Einzelbeispiele bei Wächter a. a. O. 148 ff.

19) Vgl. auch v. Arnim a. a. O. 166 und Wächter a. a. O. 109.

20) S. die Zahlen bei v. Arnim a. a. O. 177 ff.: Er gibt sie für Preußen auf ein einziges Jahr auf 346 an.

sich nur in den wenigen besser eingerichteten Anstalten. Die Kranken bleiben unter den Gesunden liegen. Ab und zu werden sie auch in eine andere Kammer gebracht, um hier ihrem Schicksal überlassen zu bleiben. Der eigentliche Zweck, die Besserung der Insassen, ist zu einem völligen Nebenzweck geworden. Hauptzweck ist jetzt jener oben geschilderte rein kameralistische: Dieser steht in anderen deutschen Staaten noch bei weitem mehr im Vordergrund als in Sachsen-Weimar. Arbeitsquantum und Arbeitszwang — in Weimar aus den Verhältnissen heraus unmöglich — sind eingeführt. Streng wird darauf gehalten, daß ein jeder seinen Arbeitsteil erledigt. Meist sind die Züchtlinge an einzelne Unternehmer verpachtet, die sie als billige Arbeitskraft ausnutzen, dafür aber auch alles aus ihnen herauszupressen suchen — und sei es mit der Peitsche[21]). Die Angestellten dürfen möglichst wenig kosten. Meist sind es Invaliden, die untergebracht werden müssen. Auf eine besondere Tauglichkeit für ihr Amt wird nicht gesehen; im großen und ganzen sind es Leute, die sich ihre Autorität nur durch Fluchen und harte Strafen bewahren können. Überhaupt ist ihnen eine große Macht über die Anstaltsinsassen eingeräumt. Es fehlt gewöhnlich jede Instruktion, und, ist eine vorhanden, so entstammt sie noch Zeiten, wo der Gedanke an Menschenrechte noch nicht ausgesprochen war. Von irgendeiner Rechtsstellung des Züchtlings kann noch nicht die Rede sein.

Taucht irgendwo der Gedanke an eine Reform und Reorganisation der Anstalt auf, so scheitert er zumeist an den Kosten. Dringt er weiter, so besteht die Reorganisation in einer Trennung der Zucht- und Besserungsanstalt in ein reines Zuchthaus, für welches dieselben Normen maßgebend bleiben, und in ein besonderes für die Nichtverbrecher wie Bettler, Landstreicher und Vagabunden bestimmtes Werk- oder Arbeitshaus, oder aber es kommt nur zu einigen wenigen Einzelreformen und -veränderungen[22]).

Derartige Reformen und Verbesserungen versucht man bald nach dem Regierungsantritt Carl Augusts auch in Weimar[23]). Den ersten Schritt auf dem Wege hierzu unternimmt die Weimarer Regierung. Sie verkennt nicht die Nützlichkeit der Strafvollstreckungsinstitute. Nur durch sie könne die öffentliche Ruhe, das Eigentum

---

21) So auch Wächter a. a. O. 121.

22) Vgl. die Entwicklung in Preußen: Auch hier kommt es außer zur Errichtung einiger neuer Anstalten zu keinen nennenswerten Reformen, auch hier gibt das Fehlen der notwendigen Gelder den Ausschlag (Schmidt a. a. O. 47 f., insbes. 57 f. und v. Arnim a. a. O. Teil I, 95 ff.

23) S. wieder die oben Anm. 3 zitierten Akten.

der Untertanen und die persönliche Freiheit erhalten bleiben. 1778 ernennt sie eine besondere Visitationskommission und zu ihren Mitgliedern die beiden Regierungsräte Voigt und von Seckendorff, die die Verhältnisse im Zuchthaus von Zeit zu Zeit einer eingehenden Untersuchung unterziehen soll. Diese Kommission drängt darauf, daß vor allem jener rein ökonomische Gesichtspunkt nicht allein ausschlaggebend sei, und in dieser Richtung ist ihre Arbeit von Erfolg gekrönt. Kost und Kleidung werden verbessert. Für Kranke werden besondere Betten angeschafft, die allzu große Ökonomie bei der Gesundheitsfürsorge und der Anschaffung des Heizmaterials wird aufgegeben und in der Folgezeit darauf gehalten, daß diese Verbesserungen zusammen mit genügender Reinlichkeit erhalten bleiben. Weiter aber werden der Empfang der Kost von außerhalb und die Bevorzugungen seitens der Zuchthausangestellten streng verboten. Es wird angeordnet, daß alle Gefangenen zu strenger öffentlicher Arbeit anzuhalten seien. Und ebenso wendet man sich gegen den Übelstand, die auf öffentlicher Arbeit befindlichen Züchtlinge zu allen Jahreszeiten »von den nötigsten Kleidungsstücken entblößt, dem Publico darzustellen«[24]). Dieses letztere hatte sich zu einem öffentlichen Ärgernis ausgebildet. Die Züchtlinge mißbrauchten ihr klägliches Aussehen, das Mitleid der Vorübergehenden auszunutzen und sie um mildtätige Gaben anzubetteln, um auf diese Art ihr Los im Zuchthaus zu verbessern. Eine endgültige Abstellung erfolgt jedoch nicht; denn noch 1794 verlangt das Landschaftskassendirektorium Maßnahmen gegen die zu dieser Zeit in lebhaftem Schwung befindliche Bettelei der Zuchthausinsassen[25]). Indessen erkennt schon die Visitationskommission, daß eine wirkliche Reform von der Schaffung ganz anderer Raumverhältnisse abhängig ist. Ihre von der Weimarer Regierung vorgebrachten Vorschläge finden auch den Beifall Carl Augusts, doch die Zeitverhältnisse gestatten eine derartige mit großem Kostenaufwand verknüpfte Reorganisation nicht, und man ist gezwungen, diese Pläne bis auf einen günstigeren Zeitpunkt zu verschieben. Nicht ungern sieht es aber der Landesherr, »wenn auf dem seither eingeschlagenen Weg in Ansehung kleiner, nicht allzu viel Kosten verursachender Verbesserungen inzwischen fortgegangen werden könnte«[26]).

Die weitere Entwicklung wird durch die Stellung des Land-

---

[24]) Bericht vom 4. August 1779 in B. 2284a.
[25]) Bericht vom 25. Nov. 1794 in B. 2339.
[26]) Reskript an die Weimarer Regierung vom 23. Nov. 1782 in B. 2284a.

ausschußtages bedingt: Wohl erkennen die Stände den Nutzen und die Notwendigkeit einer Verbesserung und Erweiterung der Zuchthausanstalten. Die für einen Um- oder Neubau notwendige einmalige Ausgabe wird aber dennoch abgelehnt. Auch jetzt bleibt nur jener von der Visitationskommission vorgezeichnete Weg, hier und da mit den vorhandenen Mitteln Verbesserungen geringerer Art vorzunehmen. Die beiden Räte selbst geben, entmutigt über die Aussichtslosigkeit ihrer Vorschläge, den Visitationsauftrag zurück[27]).

Auch in der Folgezeit kommt es zu keiner Reorganisation größeren Stils. Wohl wird 1794 noch einmal die Frage der Beschäftigung der Zuchthausinsassen eingehend erörtert[28]): Man ist sich einig darüber, daß mehr Arbeitsgelegenheit für die Züchtlinge geschaffen werden müsse, daß erst hierdurch die Möglichkeit einer Graduation gegeben sei, und daß innerhalb dieser einzelnen Arbeiten eine Abstufung nach leichteren und schwereren Verbrechen, vor allem aber Arbeitszwang, gegebenenfalls sogar ein Antreiben zur Arbeit mit Schlägen, notwendig und erforderlich sei, um dem eigentlichen Zweck und Ziel der Anstalt gerecht zu werden und die herrschenden Übelstände abzustellen. Doch die Arbeitsbeschaffung trifft auf mannigfache Schwierigkeiten: Es muß auf die eingesessenen Geschäftsleute und Gewerbetreibenden Rücksicht genommen, den von der Hand in den Mund lebenden Armen dürfen nicht die letzten Erwerbsmöglichkeiten geraubt werden. Holzspalten und Spinnen erscheint nicht als ausreichend, für die härter bestraften Delinquenten zudem zu wenig der begangenen Tat entsprechend. Man denkt daran, die Züchtlinge als Kloakenreiniger zu benutzen, sie mit Steinschlagen für den Straßenbau zu beschäftigen, auch Mattenflechten und grobe Wollarbeiten einzuführen, endlich einzelne Land graben zu lassen — alles Arbeiten, vor denen sich der gewöhnliche Bürger scheut und die er nur ungern übernimmt. Der Verschlechterung geringerer Verbrecher durch die schwereren glaubt man durch eine Klasseneinteilung bei der Arbeit und dadurch steuern zu können, daß die einzelnen Kammern nur mit leichten oder nur mit schweren Verbrechern belegt werden. Indessen bleiben das mehr oder weniger Anregungen, die Ausführung ist ihnen zu dieser Zeit noch versagt. 1800 wird noch einmal gutachtlicher Bericht eingefordert, doch dann verstummen die Akten gänzlich. Der mit der Zeit immer mehr wachsenden Züchtlingszahl sucht man dadurch entgegenzutreten, daß eine An-

27) 1784.

28) B. 2339, B. 2339a.

zahl Zuchthausinsassen an das preußische Heer abgegeben werden — eine Maßnahme, die zu dieser Zeit nicht vereinzelt dasteht[29] [30]). Jedoch wird streng darauf geachtet, daß nur solche Züchtlinge abgeliefert werden, die freiwillig in ein preußisches Regiment eintreten wollen. Eine im Sept. 1796 aus Halle in Weimar eintreffende preußische Militärkommission befindet fünf Züchtlinge, darunter zwei zum Tod durch den Strang verurteilte, später aber zu lebenslänglichem Zuchthaus begnadigte Delinquenten für diensttauglich. Doch die Regierung erhebt Widerspruch. Sie sträubt sich dagegen, daß die Abgabe ohne Rücksicht auf die erkannte Strafe und die schon verbüßte Strafzeit geschehen solle. Sie ist der Überzeugung, daß lebenslängliche Züchtlinge nicht aus der Anstalt entlassen werden dürfen, da sie durch ihren Eintritt in das preußische Heer gewissermaßen auf freien Fuß gesetzt würden, und bezweifelt daher den Strafcharakter einer solchen Maßnahme. Die Folge ist, daß lediglich die Abgabe der leichteren Verbrecher die Billigung des Landesfürsten findet[31]).

Aber auch diese Maßnahme kann den Hauptfehler der Zucht- und Besserungsanstalt nicht beheben; die für notwendig erachteten Erfordernisse eines guten Zuchthauses: Raum, Luft und Sonne sind so nicht zu erlangen, und deshalb stellt auch das Landschaftskassendirektorium 1800 noch einmal den Antrag auf Erbauung eines neuen Zuchthauses[32]). Um jedoch nicht wieder von vornherein an der Geldfrage zu scheitern, taucht hier der Gedanke auf, die Kosten des neuen Gebäudes durch das Ausspielen einer Lotterie zugunsten eines Neubaues zu gewinnen, ein Gedanke, den man schon vorher in Sachsen verfolgt hatte[33]). Aber wieder bleibt die Anregung ohne positiven Erfolg. Der Zustand des Zuchthauses verändert sich bis auf jene kleinen Veränderungen und Reformen nicht. 1803 kommt noch einmal eine Abgabe an das preußische Heer in Frage, es werden auch vier Züchtlinge ausgesucht, doch keiner wird von der Militärkommission angenommen[34]).

Irgendeine Fürsorge für die aus dem Zuchthaus entlassenen Sträflinge besteht noch nicht, sie werden lediglich an ihren Heimatsort zurückgebracht oder, sofern es sich um Ausländer

---

[29]) So Wagnitz a. a. O. I, 213 f.

[30]) Zum Folgenden B. 2340a.

[31]) So auch Hartung a. a. O. 120.

[32]) B. 548^1.

[33]) Die undatierte von Ludecus stammende Niederschrift in B. 548^1 und Wagnitz a. a. O. II, 2, 87.

[34]) B. 2350a.

handelt, über die Landesgrenze abgeschoben[35]): Meist ohne Mittel, oft auch nur unzulänglich bekleidet, zudem mit dem Makel des begangenen Verbrechens behaftet, und bei der Scheu der Untertanen, derartige Subjekte bei sich aufzunehmen, finden sie selten Arbeit. Um sich die ersten Mittel für ihr weiteres Fortkommen zu verschaffen, sind sie meist gezwungen, wieder die Bahn des Verbrechens zu betreten[36]). »Ihr hilfloser Zustand determiniert sie oft zu weiteren Vergehungen« berichtet 1794 die Weimarer Regierung[37]). Gleichzeitig gibt sie auch Anregungen, wie hier Einhalt getan werden könne: Es solle den zu entlassenden Sträflingen gestattet sein, auch weiterhin in der Anstalt zu bleiben, und ihnen hier solange Arbeit gegeben werden, bis sie sich hinreichende Kleidungsstücke erarbeitet und anderswo ein Unterkommen gefunden hätten. Auch solle es den Gemeinde-, Amts- oder Patrimonialgerichtsdienern zur Pflicht gemacht werden, wenigstens die entlassenen Weibspersonen für die erste Zeit nach der Entlassung in ihre Dienste zu nehmen und auf diese Art mit gutem Beispiel voranzugehen. Verwirklicht wird diese Anregung nicht, auch hier bleibt es bei dem hergebrachten Zustand. — Mit der Entlassenenfürsorge im engsten Zusammenhang steht der Gedanke der Errichtung eines Arbeitshauses[38]): Dieser — zum ersten Male taucht er bei den Plänen und Vorschlägen der Visitationskommission auf — wird immer wieder aufgegriffen, aber auch seine Ausführung scheitert an der Kostenfrage. Der Gedanke der Lotterie zugunsten des Zuchthausneubaus soll ebenso dem Bau eines Arbeitshauses zugute kommen: neben Vagabunden und anderen die öffentliche Sicherheit gefährdenden Subjekten sollen hier vorzüglich die aus dem Zuchthaus Entlassenen untergebracht werden, damit »sie einen Beweis ihres tätigen, ordentlichen und redlichen Betragens ablegen könnten«[39]). Aber auch dieser Plan wird ebensowenig wie der des Zuchthausneubaus ausgeführt. Jedoch wird fast um dieselbe Zeit in Jena durch den dortigen Bürgermeister Vogel

---

35) Zum Folgenden: B. 5481, B. 2339, B. 2339a.

36) Fast wörtlich ebenso schildert Wagnitz a. a. O. I, 205 ff. und II, 2, 162 f. ganz allgemein ohne Nennung bes. Staaten die Lage für Deutschland. Für Preußen gibt v. Arnim a. a. O. II, 47 ff. u. 240 ff. das gleiche Bild.

37) Bericht vom 28. Aug. 1794 in B. 2339.

38) Arbeitshäuser befinden sich z. B. in Berlin, Wien u. Königsberg (Wächter a. a. O. 110 f.), vgl. an dieser Stelle auch die bei Wagnitz a. a. O. II, 2, 149 ff. abgedruckten »Vorschläge des Hochpreislichen Kammergerichts zu Berlin wegen Unterbringung der aus den Festungen und Zuchthäusern entlassenen Verbrechern«.

39) B. 5481.

ein Armen- und Arbeitshaus errichtet, das indessen infolge der Geringfügigkeit des Erhaltungsfonds nie seinen eigentlichen Zweck erfüllt, sondern nur einigen Verarmten, von außerhalb zurückgebrachten Vagabunden zum Aufenthalt dient und gleichzeitig zur Erziehung unehelicher Kinder benutzt wird. Hatte man sich im Anfang noch mit weiteren Zielen getragen, so war es nach dem bald eintretenden Tode Vogels durch die mangelnde Vorsorge des Jenaer Stadtvorstandes seiner Bestimmung entzogen worden[40]).

Die in den beiden Fürstentümern und der Jenaer Landesportion vorhandenen Gefängnisse dienen neben dem Vollzug der erkannten Gefängnisstrafen vor allem zur Bewahrung der Inkulpaten während der Dauer der Untersuchung[41]). Bei den Ämtern wird zumeist die Fronveste als Untersuchungsgefängnis benutzt. Die Patrimonialgerichte haben oft gar kein Gebäude, oder es steht nur ein Sommergefängnis zur Verfügung. Die Gefangenen werden einfach in das nächste Amt abgegeben oder im Winter in einer Gesindestube untergebracht. Häufig findet sich ein gemeinsames Lokal, auf den Gütern ist meist eine Gesindestube ausgebaut, mitunter wird auch von Fall zu Fall eine Stube im Pächterhaus als Unterbringungsort eingerichtet. In den Städten benutzt man die Ratsfronveste oder auch nur das Bürgergefängnis. Im einzelnen richtet es sich je nach der den Patrimonialgerichten zustehenden Gerichtsbarkeit und nach der Zahl der Verbrechen und der hierdurch notwendigen Untersuchungen: So liefern die Gerichtsverwalter von Wöllnitz und Roda die zur Untersuchung gezogenen Personen seit unendlichen Zeiten nach Drakendorf ab, die von Mechelroda nach Weimar und die von Bürgel und Dornburg an die Verwalter der gleichnamigen Amtsbezirke. In Allstedt ist nur ein Bürgergefängnis vorhanden, und in Sulza bedient man sich des »Gehorsams« in dem dortigen Rathaus, da der Stadt nur die niedere Gerichtsbarkeit verliehen ist. Die vorhandenen Gefängnisse bestehen aus einer, höchstens aus zwei Kammern, zumeist mit vergitterten Fenstern und mehr oder minder starken Wänden aus Ziegeln oder Lehm. Keines ist so fest und sicher gebaut, daß nicht jederzeit ein Ausbruch der inhaftierten Inquisiten zu befürchten steht. Sie alle benötigen besondere Wärter zur Bewachung der Gefangenen. Verpflichtet hierzu sind die Gerichtsuntersassen, Bauern oder Bürger, ein jeder in seinem Gerichtsbezirk. Sie

[40]) B. 555, B. 6284, B. 2366, Hartung a. a. O. 98 nennt als Gründungsjahr 1797.

[41]) Zum Folgenden bes. B. 2268. Über den Zustand des Gefängniswesens in Preußen s. v. Arnim a. a. O. II, 191 ff.

müssen die Bewachung als Frone übernehmen, ein Dienst, der zu dieser Zeit nur ungern versehen wird und besonders die Landbevölkerung außerordentlich beschwert. Manche Gutsuntersassen waren »mit der Zeit durch häufige Wachten übermäßig mitgenommen, ja teils Orte fast gänzlich ruiniert worden«[42]).

Schon zwei Jahre vor der Visitation der Weimarer Zucht- und Besserungsanstalt wird die Visitation sämtlicher Amts- und Patrimonialgerichtsgefängnisse angeordnet. Und zwar in erster Linie deshalb, um ihre bauliche Einrichtung so zu verbessern, daß ein Entweichen der Inquisiten verhindert und die Fronlast der Gerichtsuntersassen erleichtert werde. Es wird der Umbau der vorhandenen und der beschleunigte Neubau der noch fehlenden Gebäude angeordnet. Jedoch setzt sich die Reorganisation nur langsam durch unter dem Sträuben und Widerspruch der einzelnen Gerichtsherrn, die sich besonders gegen die Abschaffung der Fronwachten wehren. 1790 teilt endlich auch der letzte Patrimonialgerichtsbezirk mit, daß das herzogliche Reskript von 1776 befolgt sei. Die Fronwacht selbst bleibt jedoch, wie sich aus späteren Bemerkungen ergibt, wenn vielleicht auch erleichtert, bestehen[43]). Der Zustand der herrschaftlichen Fronvesten wird nicht geändert, da die Visitation ihre Festigkeit und Ausbruchssicherheit bestätigt[44]).

Bezieht sich diese Reform nur auf den äußeren Zustand der Gefängnisse, so bleibt der innere derselbe. Er ist in den Landen Carl Augusts nicht besser und nicht schlechter als im übrigen Deutschland um diese Zeit[45]): Der Untersuchungsgefangene ist sich selbst überlassen, er hat keine Beschäftigung, auf seinen Gesundheitszustand wird nicht die mindeste Rücksicht genommen. Der Inquisit wird von Ungeziefer geplagt. Kommt er später in das Zuchthaus, so wird er dort »selten anders als mit zerstörter Gesundheit abgeliefert«[46]) [47]).

---

[42]) Reskript vom 10. Okt. 1776 ebenda.

[43]) Z. B. B. 2756 und Zirkular vom 7. 1. 1799 bei Schmidt 4, 38.

[44]) Z. B. B. 2308.

[45]) S. Wagnitz a. a. O. II, 2, 228 und vor allem auch Lenels a. a. O. 220 f. düstere Beschreibung des Zustandes der badischen Gefängnisse zu dieser Zeit.

[46]) B. 548[1].

[47]) Wagnitz a. a. O. II, 2, 228 spricht sogar von einem lebendig Verfaulen in den deutschen Gefängnissen dieser Zeit, und Hälschner a. a. O. 243 berichtet, daß der Zustand der Insassen der Preußischen Gefängnisse an Schrecknissen alles andere überbiete.

IV. Kapitel.

Ergebnis.

Mit Ausnahme ganz geringer Reformen und Verbesserungen ist somit auf allen Gebieten, sei es der Gerichtsorganisation, sei es des eigentlichen Strafrechts oder des Strafvollzugs, der Zustand in den ersten Jahrzehnten der Regierungszeit Carl Augusts der gleiche geblieben. Wohl sind reformatorische Gedanken vorhanden — ihr Grundzug ist möglichster Ausschluß jeglicher Willkür sowie eine schärfere Betonung des Staatsgedankens — auch beschäftigt man sich mit ihrer Verwirklichung, zu einer endgültigen Ausführung kommt es jedoch nur in den seltensten Fällen. Deshalb ist der Zustand der Strafrechtspflege nicht schlechter als in den meisten deutschen Ländern dieser Zeit. Vielmehr überragt sie durch die humane Handhabung der Gesetze und die von jedem Despotismus und jeglicher Willkür freie Gesinnung und Denkungsart der leitenden Männer manchen deutschen Kleinstaat. Jedoch gemessen an den in größeren Staaten geschaffenen Reformen und den dort schon verwirklichten großen Ideen der Zeit steht Sachsen-Weimar noch weit zurück[1]). Aber hier und dort sind die gegebenen Verhältnisse, aus denen heraus die Neuorganisation zu regeln ist, ganz andere: In Preußen ist es der Staat Friedrichs II., in sich gefestigt und mit einem großen und starken Beamtentum begabt, ein Land, das eine Macht darstellt, ja die Macht in dem damaligen Reichsgebiet, das aus eigener Kraft große Gedanken in die Tat umsetzen kann, ohne je Rücksichten auf andere deutsche Staatsgebiete nehmen zu müssen. Sachsen-Weimar dagegen ist nicht einmal in sich geschlossen, zwei große Gebiete — durch andere deutsche Staaten getrennt — das Fürstentum Eisenach und das Fürstentum Weimar mit der Jenaer Landesportion bilden vor allem den Staat. Selbst diese Gebiete können nicht einmal als Einheiten bezeichnet werden. Zahllose Enklaven anderer Staaten im eigenen Landesgebiet wie auch sachsen-weimarische in jenen unterbrechen die Einheit. Weit über 10 andere deutsche Länder haben mit Sachsen-Weimar-Eisenach gemeinsame Grenzen. Hinzu kommt die verhältnismäßige Kleinheit des Staatsgebietes. Sie erschwert die Verbrechensverfolgung ungeheuer, ja oft ist der Täter schon lange,

---

[1]) S. bes. Preußen und Österreich, im einzelnen vgl. die in den früheren Kapiteln gemachten Angaben.

bevor seine Tat ruchbar wird, über die Grenzen in ein anderes Land entflohen[2]).

Von einem wirklichen Erfolg hätte deshalb eine Reform der Strafrechtspflege nur gekrönt sein können, wenn sie gemeinschaftlich mit den Grenzstaaten vorgenommen worden wäre. War es schon schwer, eine Einigung zwischen den sich aus ihrer historisch-politischen Entwicklung heraus am meisten nahestehenden sächsischen Höfen zu erreichen, die zudem noch im Hofgericht und im Schöppenstuhl zu Jena gemeinsame Rechtsinstitute hatten[3]), so wäre der Versuch einer gemeinsamen Kriminalreform aller Nachbarstaaten von vornherein aussichtslos gewesen; Partikularismus und in manchem Lande wachsender Absolutismus hätten sich hemmend entgegengestellt.

Jene in Sachsen-Weimar und Sachsen-Eisenach selbst vorgeschlagenen und erwogenen Reformgedanken werden noch durch andere im eigenen Staatswesen beruhende Gründe gehemmt. Neben der Kleinheit des Staatsgebietes und der zersplitterten geographischen Lage wie der hierdurch bedingten Rücksichtnahme auf andere deutsche Staaten, machen vor allem zwei Gründe immer wieder die Verwirklichung auftauchender reformatorischer Ideen zunichte. Beide stehen sie mit der Kleinheit des Staatsgebietes und miteinander im engen Zusammenhang. Einmal fehlt es an den nötigen Kräften zu einer wirksamen Durchführung der Reform: Die beiden Fürstentümer haben nicht das Beamtentum, das in Preußen unter Friedrich Wilhelm I. heranerzogen wurde und seines großen Sohnes Reformen ermöglichte. Den Beamten Carl Augusts fehlt noch das absolute Bewußtsein für Ehre und Pflicht, das Gefühl, sich unbedingt für den Staat und seine Interessen einsetzen zu müssen, wie es in Preußen um die Wende des Jahrhunderts der Fall ist. Sie zeigen sich nicht unabhängig von ihrer Umwelt[4]), mag diese Abhängigkeit in einer Rücksicht irgendeiner Art oder in der Annahme von Bestechungsgeldern ihren Ausdruck finden. Der Staat hat noch nicht die Macht, hier in jedem einzelnen Falle rück-

---

[2]) Zur Ausübung des Gendarmeriedienstes auf dem Lande stehen nur die 31 Mann des Husarenkorps zur Verfügung.

[3]) Als Beispiel mag der 1779 von Sachsen-Gotha-Altenburg gestellte Antrag einer neuen Hofgerichtsordnung dienen, der ebenso wie der Antrag des Hofgerichts selbst aus dem Jahre 1775 nie verwirklicht worden ist (A. 8024, A. 8031 u. A. 8032).

[4]) Schweitzer, De judicio criminali vimariensi S. 7 f.

sichtslos einzugreifen[5]). Die Abhängigkeit der Beamten von den Gerichtssporteln ist ein bedeutendes Hindernis bei der geplanten Einführung eines besonderen Kriminalgerichts. Auch finden sich nicht Männer wie Cocceji, Carmer und Svarez[6]), die es wagen, sich rückhaltlos für eine Reorganisation einzusetzen und sich hierbei über die Vorurteile ihrer Zeit und die mit einer solchen Reform verbundenen Verluste an Rechten und Bevorrechtigungen hinwegzusetzen. Der andere Grund findet sich in den mit jeder Reform verbundenen erhöhten Staatsausgaben. Überwindet eine Reformidee in Sachsen-Weimar die anderen Hemmnisse, so scheitert sie fast immer an diesen. Nicht allein bewilligen die Landstände überhaupt nur ungern neue Gelder[7]), die Schuldenlast, die bei dem Regierungsantritt Carl Augusts auf den beiden Fürstentümern und der Jenaer Landesportion lastet, ist so groß[8]), daß sie sich immer hemmend erneuten Ausgaben entgegenstellen muß; die Mittel der fürstlichen Kasse, der Kammer, sind aber nur beschränkt.

Einen gänzlichen Stillstand jeglicher Reform bringen endlich die um die Jahrhundertwende auftauchenden Kriegswirren mit sich, beginnend mit der französischen Revolution, der durch sie bedingten zeitweisen Abwesenheit Carl Augusts und der durch die Kriegskosten entstehenden erhöhten Inanspruchnahme des Staatshaushalts[9]). »Mancher trefflichen Idee Ausführung hinderten nur die zersplitterte geographische Lage, die beschränkten Finanzmittel, der alles Gute hemmende Drang wilder Kriegszeiten«[10]).

---

5) S. auch die Darstellung bei Hartung a. a. O. 203ff. Die Mangelhaftigkeit der Beamten ist auch in Baden die letzte Wurzel der Schwäche dieses Partikularstaates, Lenel a. a. O. 25.

6) Über sie Landsberg III, 1, 215ff., 468ff.; über letzteren ferner Stölzel, Carl Gottlieb Svarez.

7) S. die bei Hartung a. a. O. 39 geschilderte, »gegen den neuen Geist der Zeit, die Toleranz« gerichtete Stellung der Landausschußtage.

8) Näheres bei Hartung a. a. O. 42ff., bes. 61ff.

9) S. wieder Hartung a. a. O. 64ff.

10) So der Kanzler von Müller in seinen »Ohnzielsetzlichen Ideen, die künftige Einrichtung des Justizwesens im Großherzogtum Weimar betreffend vom 8. Nov. 1815« in B. 719.

II. Abschnitt.

Die Erneuerung der Strafrechtspflege in den Jahren 1806 bis 1828.

V. Kapitel.

Einführung.

Innere Schwierigkeiten hemmen in den ersten Jahrzehnten der Regierungszeit Carl Augusts jede nennenswerte Reform der Kriminalverfassung Sachsen-Weimar-Eisenachs. Äußeren, durch politische Verhältnisse bedingten Momenten bleibt es überlassen, den Anstoß zu einer durchgreifenden Erneuerung der gesamten Strafrechtspflege und zu einer wenigstens teilweisen Verwirklichung der die Zeit beherrschenden Ideen und Gedankengänge zu geben. Jene politischen Ereignisse, die ihren Ausgangspunkt in dem Zusammenbruch des alten Reiches und ihr Ende in der Gründung des Deutschen Bundes finden, zwingen zu einer ernstlichen Beschäftigung mit der Reorganisation des gesamten materiellen und formellen Strafrechts, der Gerichtsorganisation und des Strafvollzugs. Vor allem zwei aus der großen Reihe der politischen Ereignisse dieser Zeit bestimmen die Entwicklung der Strafrechtspflege in den beiden Fürstentümern: Am 6. August 1806 entsagt Franz II. der deutschen Kaiserkrone und beseitigt damit die letzten Bindungen, die die deutschen Fürsten seit der Gründung des Rheinbundes noch an das Reich fesseln[1]). Die deutschen Länder erhalten die völlige Souveränität, und zugleich mit den Pflichten dem alten Reich gegenüber schütteln sie die letzten Reste des alten Feudalstaatssystems ab. Während andere Staaten, durch nichts mehr gehemmt, noch absoluter als vorher gelenkt werden, bleiben Carl August und seine Minister unverändert ihren einmal gefaßten Grundsätzen treu. Klar und eindeutig wird jetzt immer wieder als höchster leitender Staatszweck der Schutz des einzelnen und seines Eigentums zum Ausdruck gebracht, als höchstes Ziel bei der Leitung des Staatswesens gilt die allgemeine Sicherheit und Wohlfahrt[2]). Aus diesen Gedanken her-

---

[1]) Über den Einfluß der Rheinbundgründung sowie der Auflösung des Reiches auf die Strafrechtspflege in Deutschland allgemein: Eichhorn, Deutsche Staats- und Rechtsgeschichte IV. Teil, S. 662 ff. und von Wächter, Gemeines Recht Deutschlands, S. 169ff.

[2]) Z. B. B. 2391 r sowie die Eingangsworte zur Kriminalordnung vom Jahre 1810, im einzelnen wird auf folgenden Text verwiesen.

aus folgt die Ablehnung jeder Kabinettsjustiz, jeglicher Willkür und jeglichen Machtspruchs auf der einen[3]), der Glaube an eine Notwendigkeit der Durchführung der geltenden Normen auf der anderen Seite[4]). Jedoch die Folge des Reichsuntergangs sind Zweifel an der Gültigkeit des gemeinen deutschen Rechts und damit an der peinlichen Halsgerichtsordnung als des geltenden Rechts in den einzelnen Staaten[5]). Rechtsunsicherheit und noch größere Uneinheitlichkeit in den Erkenntnissen der einzelnen Spruchkollegien ist die Folge. Sie wird noch vermehrt durch die Auflösung der beiden Reichsgerichte, des Reichshof- und des Reichskammergerichtes, deren Ende der Reichsuntergang nach sich gezogen hat. Und wo die sich aus diesen Folgeerscheinungen des Zusammenbruchs des alten Reiches ergebende Unmöglichkeit der Durchführung der leitenden Staatsgrundsätze nicht schon den Anstoß zur Reorganisation gibt, da erzwingt sie ein Jahrzehnt später die Erhöhung zum Großherzogtum und die hiermit verbundene Verdoppelung des Staatsgebietes[6]). Der Sachsen-Weimar-Eisenachische Staat umfaßt die verschiedensten Rechtsgebiete: Hessisches, preußisches und sächsisches gilt neben dem eigenen Landes- und dem Gemeinen Recht. Die Gerichtsorganisation ist in den einzelnen Teilen des jungen Großherzogtums eine verschiedene, ungleich sind die Bestimmungen des materiellen und formellen Strafrechts, und diese Verschiedenheit und Ungleichheit hat zur Folge, daß in dem einen Teil des Staates Handlungen strafbar sind, die in einem anderen Teil des Landes straflos bleiben — ein Zustand, geeignet, die denkbar größte Rechtsunsicherheit hervorzurufen.

VI. Kapitel.

Die Neuordnung der Gerichtsorganisation.

Die Gerichtsorganisation ist es zunächst, deren Neuordnung als erstes Ziel in Angriff genommen wird, einerseits um nach und nach eingerissene Übelstände zu beseitigen, andererseits um einen Ersatz für die nicht mehr bestehenden Reichsgerichte zu schaffen. Und nur eine Folgerung aus jenen leitenden Staatsgrundsätzen ist es, wenn zugleich ein geregelter Instanzenzug, zumal auf zivilrechtlichem Gebiet, geschaffen wird.

---

[3]) Unten S. 86ff., insbes. 88f.

[4]) Unten S. 97f.

[5]) Hierüber von Wächter a. a. O. 171ff.

[6]) Im einzelnen Hartung a. a. O. 268f.

Bei den Untergerichtsbehörden, Ämtern und Patrimonialgerichten, ist es weniger der Gedanke der Gewaltentrennung, der Sonderung von Verwaltung und Justiz, der sich bestimmend auswirkt, als die Einsicht in die Unmöglichkeit einer weiteren Vereinigung der Kriminal- und Ziviljurisdiktion in der Hand einer und derselben Person. Eine praktische Durchführung der Montesquieuschen These hält man in Sachsen-Weimar-Eisenach ebenso wie im übrigen Deutschland[1]) in der Unterinstanz noch nicht für möglich: Sie hätte eine Vielheit von Behörden erfordert, die auch das vergrößerte Staatsgebiet nicht getragen und die zahlenmäßig weit das Bedürfnis des Landes überstiegen hätte, da für die Betätigung jeder einzelnen kein genügender Spielraum vorhanden gewesen wäre. Zudem glaubt man, die Stellung des einzelnen Amtmannes, das noch überall herrschende patriarchialische Verhältnis, vor allem den Bauern gegenüber nicht zu sehr ändern zu dürfen. Für letztere müsse die Autorität des Amtmanns die höchste sein und bleiben. Auch fürchtet man, jener könne bei einer Trennung der Verwaltungs- und Justizaufgaben zu einseitig werden und allmählich verknöchern. Dem Vorwurf einer zu starken Beschäftigung der Ämter und des einzelnen Amtmannes, die vielfach zu einer Vernachlässigung der Untersuchungssachen geführt hatte, glaubt man durch die Übertragung der Untersuchungsführung auf besondere Kriminalbehörden begegnen zu können[2]). So kommt es, daß die Idee der Gewaltentrennung nur bei einer geringen Anzahl der Unterbehörden verwirklicht wird. In den größeren Städten hatte die bisherige Kommunalverwaltung außerordentliche Mißstände gezeitigt und vor allem eine fast völlige Zerrüttung der Finanzen zur Folge gehabt. Die Reorganisation ihrer Verfassung wird in den Jahren der Niederwerfung Deutschlands durch Napoleon unumgänglich, und hierbei benutzt der Staat die Gelegenheit, die ihnen verliehene Gerichtsbarkeit wieder an sich zu ziehen und sie besonderen herzoglichen Stadtgerichten mit herzoglichen Stadtrichtern zu übertragen, die nunmehr an Stelle des Stadtrates dessen Jurisdiktionsrechte ausüben. Ihm verbleiben lediglich noch Verwaltungsbefugnisse. Die

---

[1]) Auch in Preußen kommt es bei der nach dem Zusammenbruch des Jahres 1806 in Angriff genommenen Justizreform zu keiner Aufhebung der Patrimonialgerichtsbarkeit (Holtze a. a. O. IV, 58 ff., 115 f.). Eine Trennung der Verwaltungs- und Justizbehörden wird im Jahre 1808 eingeleitet. In Württemberg verbleibt der Oberamtmann ebenfalls Justiz- und Verwaltungsbeamter (Wintterlin a. a. O. 193ff.).

[2]) Insbes. B. 719 und B. 2406; B. 4910a, B. 5453 behandeln vorwiegend polizeiliche Fragen; Hartung a. a. O. 283.

neuen Behörden sind im Gegensatz zu den Ämtern reine Justizbehörden. Während jene auch noch Verwaltungsbehörden unterstehen, haben sie sich allein den Weisungen der Landesregierung zu fügen[3]).

Für eine Absonderung der Kriminaluntersuchungen und ihre Übertragung auf besondere Staatsorgane spricht hingegen die erfolgreiche Trennung der Kriminal- und Ziviljurisdiktion in einer Anzahl anderer deutscher Länder[4]). Vor allem aber wird sie durch die Verhältnisse bei den Untergerichtsbehörden und die Verschlimmerung der Übelstände, die den Antrag aus dem Jahre 1777 bedingten, unumgänglich[5]).

Besonders bei den Patrimonialgerichten haben sich in den letzten drei Jahrzehnten immer größerer Mißstände gezeigt. Aus Scheu vor der mit den einzelnen Untersuchungshandlungen verknüpften Mühewaltung oder aus Furcht vor den großen Kosten führen sie die Untersuchungen nur widerwillig und deshalb auch nur oberflächlich. Die aufgegriffenen Vagabunden — ein bedeutender Teil der Kriminellen dieser Zeit — werden gewöhnlich nach Verabfolgung einer Anzahl von Hieben wieder entlassen. Selten nur liefert man sie in die Zuchthäuser ab. Geschieht es aber, so muß die dortige Verwaltung den Betreffenden wenig gebessert nach acht- bis vierzehntägigem Aufenthalt wieder freigeben, da niemand zur weiteren Untersuchungsführung bestimmt wird und sich freiwillig ohne besondere Bezahlung niemand einem derartigen Amt unterzieht. Zudem findet sich keine Gewähr für die rasche Durchführung der Untersuchungssachen: Die Gerichtsverwalter wohnen selten am Sitz des Patrimonialgerichts. Verzögern sich hierdurch

---

3) Schweitzer, Öffentl. Recht S. 165 ff., 170. Hartung a. a. O. 234 ff., wo sich nähere Angaben über den Zustand der Städte und ihre Reorganisation befinden. Die neuen Stadtordnungen, abgedruckt bei Schmidt 9, 355 ff., 399 f., werden am 27. Juni 1810 in Jena und am 21. Dez. in Weimar eingeführt; in Preußen werden im Jahre 1809 sämtliche Stadtgerichte zu königlichen Gerichten gemacht, Bornhak a. a. O. 333.

4) In Preußen werden schon 1781, namentlich im Netzedistrikt, einzelne Inquisitoriate errichtet. In Neuostpreußen treten 1795 an Stelle der Ämter, Patrimonial- und Stadtgerichte besondere Kreisgerichte. Jedoch ist die Entwicklung völlig uneinheitlich (Bornhak a. a. O. 262, insbes. auch 437 ff.). In Württemberg wird die Kriminalgerichtsbarkeit 1810 einem besonderen Kriminaltribunal übertragen und zur Untersuchungsführung 1811 ein besonderer Kriminalrat ernannt. Näheres, besonders über die Stellung des Oberamtmanns, Wintterlin a. a. O. 193 ff., insbes. 200, und 255 ff.

5) B 2268 a, Schweitzer, Öffentliches Recht S. 166 f. und Hartung a. a. O. 258, 377 f; die folgende Darstellung gründet sich vor allem auf B. 2268 a und Schweitzer, De judicio criminali vimariensi 7 f.

die Untersuchungen, hängt häufig ihre Erfolglosigkeit hiermit zusammen, so wird ihre rasche Erledigung weiter gehindert durch die Zerstückelung der einzelnen Gerichtsbarkeiten, ihr Ineinandergreifen und die sich hieraus ergebenden Kompetenzschwierigkeiten. Endlich zeigt sich nicht jeder Justitiar unabhängig von seinem Gerichtsherren. Häufiges Nachgeben beeinflußt das Verfahren zuungunsten des Inkulpaten.

Gelten diese Verhältnisse nur für die nicht unmittelbar unter der Hoheit des Staates stehenden Gerichte, so machen andere Gründe ganz allgemein für sämtliche Untergerichtsbehörden, Ämter wie Patrimonialgerichte, eine Trennung der Zivil- und Kriminaljurisdiktion erwünscht. Noch immer sind Amt und Patrimonialgericht zugleich Gerichts- und Verwaltungsbehörde. Neben der Kriminal- und Ziviljurisdiktion gehören vor allem Polizeiaufgaben zu den amtlichen Obliegenheiten des Justitiars und des Amtmanns; Polizei- und Zivilsachen nehmen den größten Teil ihrer Tätigkeit ein und bewirken eine Vernachlässigung und Verzögerung der Untersuchungssachen. Die Verzögerung zieht häufig die Nichtüberführung der Verbrecher nach sich. Zudem ringt sich die Erkenntnis durch, daß die Eignung zum Zivilrichter oder gar zum Verwaltungsbeamten sich nicht nur nicht mit der zum Strafrichter deckt, sondern daß vielmehr beide sich vielfach ausschließen. Man sieht es an den eigenen Justizbeamten, von denen mancher ein vorzüglicher Zivilrichter, aber zur Führung von Untersuchungen vollständig ungeeignet ist. Daneben ergeben sich Fehler, die das ganze Untersuchungsverfahren beeinflussen, die sogar mitunter trotz des Geständnisses des Angeklagten aus prozessualen Gründen eine Aburteilung durch das Dikasterium verhindern[6]). Genug der Gründe, die für eine Aufhebung des bisherigen Verhältnisses und eine Trennung der Kriminalgerichtsbarkeit von sämtlichen Justizämtern und Patrimonialgerichten sowie für eine straffere Zusammenfassung sprechen. 1808 greifen Polizeikollegium und Regierung jenen 1777 abgelehnten Gedanken der Errichtung eines besonderen Kriminalgerichtes wieder auf. Der Regierung scheinen jene Gründe, die damals zur Ablehnung führten, gegenüber den vielfachen Mängeln der bisherigen Ordnung und der dringenden Notwendigkeit einer Reform nicht mehr erheblich zu sein. Die Kosten sollen durch Ersparnisse, Beiträge der Patrimonialgerichte, eine zweckmäßige Beschäftigung der Gefangenen und durch Ablösung der Fronwacht durch eine Steuer

---

[6]) Schweitzer, De judicio.. 7f. und B. 2751.

aufgebracht werden. Man glaubt, durch die Vereinheitlichung jene Mängel und Fehler gegen die Vorteile einer schnellen einheitlichen, fehlerlosen und sicheren Justiz eintauschen zu können[7]).

Verhältnismäßig rasch kommt die Anregung des Polizeikollegiums zur Ausführung, schon Ende 1810 kann das neue Kriminalgericht in Weimar, — den Plan eines besonderen Gerichts für die Ämter Jena, Dornburg, Bürgel und Kapellendorf mit dem Sitz in Jena hatte man wieder fallen gelassen — seine Tätigkeit aufnehmen. Die neue Einrichtung bewährt sich so gut und wird allen Erwartungen so gerecht, daß kaum zwei Jahre später auch für das Eisenacher Fürstentum — Sitz wird Eisenach — eine derartige Institution geschaffen und auch dort mit wenigen Veränderungen die Weimarer Kriminalordnung eingeführt wird.

»Kriminalgericht« werden die beiden neuen Behörden zu Unrecht genannt[8]): Sie sind keine Gerichte im eigentlichen Sinne des Wortes, ihre Aufgabe beschränkt sich ebenso wie früher die der Ämter und Patrimonialgerichte auf die Untersuchung begangener Straftaten. Die Rechtsprechungs- und Urteilsbefugnis ist ihnen nicht gegeben. Auch sie sind im wahrsten Sinne Untersuchungsbehörden. In diesem Rahmen steht ihnen grundsätzlich die ausschließliche Kompetenz zu. Lediglich um sie nicht zu überlasten, ist den Ämtern und Patrimonialgerichten die Untersuchungsführung bei geringeren Vergehen überlassen. Es gehören dahin alle kleinen Diebstähle, soweit sie nicht mit Gewalt, im Komplott oder zum dritten Male begangen sind und den Wert von zwei Talern nicht übersteigen, die leichteren Stuprations- und Ehebruchsdelikte, alle Verbal- und Realinjurien, endlich Übertretungen rein polizeilicher Natur. Jedoch kann auch in diesen Fällen die Regierung aus besonders wichtigen Gründen die Zuständigkeit des Kriminalgerichtes begründen. Um Kompetenzstreitigkeiten zu vermeiden, ist in Zweifelsfällen das Kriminalgericht zuständig. Zugunsten der Regierung sind sämtliche Staatsverbrecher — es gehören dahin Hochverrat, Aufruhr, Majestätsverbrechen und die Verletzung der Bezie-

---

7) S. auch die Eingangsworte der Kriminalordnung von 1810 (Schmidt 9, 109): »In Erwägung der vielfachen Nachteile, welche aus der seitherigen Verwaltung der Kriminal- und Ziviljurisdiktion durch ebendieselben Justizunterbehörden entstanden sind, und in der landesväterlichen Absicht, die allgemeine Sicherheit und Wohlfahrt durch ungesäumte Erforschung und Bestrafung der Verbrecher zu befördern«.

8) Im folgenden folgt die Darstellung der revidierten Kriminalgerichtsordnung vom 14. 12. 1812, die nunmehr für beide Gerichte gilt (abgedruckt bei v. Göckel II, 1, 78ff.).

hungen zu anderen Staaten — der Kompetenz der Kriminalgerichte entzogen.

Um eine Überlastung und Geschäftsanhäufung zu vermeiden, wird den örtlichen Gerichten die Befugnis und Verpflichtung auferlegt, alle unaufschiebbaren Amtshandlungen, die beim Bekanntwerden eines Verbrechens zur Aufklärung der Tat und zur Überführung des Täters notwendig werden, vorzunehmen: Sie sind wie bisher zur Annahme von Denunziationen, zur Verfolgung von Gerüchten, zum ersten Verhör, zur Festnahme und zur Erlassung eines Steckbriefes berechtigt und verpflichtet, selbst gerichtliche Sektionen dürfen sie vornehmen, sobald Gefahr im Verzuge ist. Allerdings müssen sie über alles und jedes dem Kriminalgericht berichten. Überschreiten sie ihre Kompetenz, so haben sie die Untersuchungssache binnen 24 Stunden abzugeben.

Örtlich erstreckt sich die Zuständigkeit des Weimarer Kriminalgerichtes auf das ganze Fürstentum Weimar und die Jenaer Landesportion. Zur Kompetenz des Kriminalgerichts zu Eisenach gehört lediglich das Gebiet des Eisenacher Fürstentums. Um jenen auch 1777 gegen die Errichtung einer besonderen Untersuchungsbehörde angeführten Grund zu großer Entfernung mancher Gebietsteile von dem Sitz des Gerichts zu entkräften, werden die Ämter Allstedt und Ilmenau einschließlich der in ihrem Bezirk liegenden Patrimonialgerichte von der Zuständigkeit des einen, das Amt Ostheim von der des anderen ausgenommen.

Die Leitung der Kriminalgerichte liegt in der Hand eines Kriminalrates, dem neben den notwendigen Subalternen ein Gerichtsassessor, zugleich als Vertreter, und eine Anzahl von Schöppen zur Seite stehen. Die Kriminalordnung weist allen Beamten einen genau umschriebenen Aufgabenkreis zu. Kriminalrat und Assessor — sie müssen studiert haben — sind beide zur selbständigen Untersuchungsführung berechtigt. Neben ihnen wird ein Protokollführer zur Gültigkeit der einzelnen gerichtlichen Handlung als wesentlich vorausgesetzt. Inquirent und Protokollführer konstituieren »die besetzte Gerichtsbank«. Nur bei besonderem Anlaß, beispielsweise bei wichtigen Vernehmungen, müssen noch Schöffen hinzugezogen werden. Ihre Zahl schwankt. Vor allem ist ihre Anwesenheit bei allen Hauptvernehmungen, bei der Folter und bei Hinrichtungen notwendig und erforderlich [9]). Sie werden immer auf drei Jahre durch

9) Während z. B. bei Haussuchungen und wichtigen Lokalterminen nur ein Schöffe verlangt wird, sind bei allen Hauptvernehmungen und bei der Tortur zwei, beim peinlichen Halsgericht und den Todesurteilsvollstreckungen sogar drei erforderlich.

die Regierung aus der Zahl der gebildeten Eisenacher oder Weimarer Bürger erwählt. Ihnen obliegt es, darauf zu achten, daß dem Inkulpaten kein Unrecht geschieht, daß ihm die Bedeutung der einzelnen an ihn gestellten Fragen klargemacht, daß an ihn keine verfängliche Drohungen gerichtet oder gewaltsam auf ihn eingewirkt wird, endlich daß das Protokoll auch das wirkliche Ergebnis des Gerichtsaktes bekundet. Aufgabe des Schöffen ist es demnach, jegliche richterliche Willkür auszuschließen. Glaubt er sich durch den Inquirenten beschwert, so steht ihm das Beschwerderecht und die Anzeigebefugnis bei der Regierung zu. Einzelne Gerichtshandlungen darf der Kriminalrat nur allein vornehmen. Lediglich, wenn Gefahr im Verzuge, kann sie auch der Assessor ausführen. Andere wiederum, wie etwa unaufgefordertes Vorbringen, kann auch ein untergeordneter Beamter vornehmen. Zeugenvernehmungen über Nebenumstände können, wenn keine Konfrontation notwendig ist, an die Lokalbehörden abgegeben werden. Der Kriminalrat muß mit dem Assessor über alle wesentlichen Fragen beraten. Indessen prävaliert seine Ansicht. Dem Assessor bleibt es unbenommen, auch seine Stellungnahme der Regierung mitzuteilen.

Die Untersuchung soll mit einer Hauptvernehmung enden, in der noch einmal alle früheren Aussagen der Angeklagten und die übrigen Ergebnisse der Untersuchung zusammenfassend vorgetragen werden müssen. Sie tritt an die Stelle der Spezialinquisition, es sei denn, daß diese aus besonders wichtigen Gründen von der Regierung angeordnet wird. Ergibt sich, daß die zur Verhandlung stehende Sache entscheidungsreif ist, so sind die Akten zugleich mit einem Bericht an die Regierung einzusenden. Gleiches gilt bei wichtigen Inzidentpunkten, die sich im Laufe der Untersuchung ergeben. Das Verhältnis zwischen den Kriminalgerichten und den Landesregierungen bleibt das gleiche, wie es oben für die Amtleute geschildert wurde. Die Regierung fällt das Urteil oder gibt die Akten an ein Dikasterium »zum Spruch Rechtens« weiter. Die Kriminalgerichte selbst dürfen nie eine das Verfahren abschließende Handlung vornehmen. Auch wenn die Untersuchung die völlige Unschuld des Inkulpaten ergibt, müssen sie die Akten an die Regierung einsenden und deren Anordnung abwarten. Nicht sie dürfen den Inkulpaten absolvieren oder das Verfahren einstellen. Die Kriminalgerichte treten erst wieder nach der Fällung des Urteils in Tätigkeit: Von ihnen wird ebenso wie früher bei den Ämtern und Patrimonialgerichten das Urteil publiziert, bei ihnen werden weitere Verteidigungen eingelegt, sie vollstrecken das Urteil.

Die Unabhängigkeit der neuen Institution wird durch die Regelung ihres Verhältnisses zu den anderen Landesbehörden gewährleistet. Lediglich der Regierung ist Bericht zu erstatten, und insoweit unterstehen die Gerichte keiner anderen Behörde. Den Untergerichtsbehörden sind sie sogar übergeordnet, ihre »Veranlassungen und Ansinnen sind wie Verordnungen zu betrachten«. Eine Aufsicht wird dadurch ausgeübt, daß von Jahr zu Jahr ein Mitglied der Regierung eine Visitation vornimmt.

Die neuen Behörden werden ihrem Zweck voll und ganz gerecht[10]). Insbesondere wird jene geforderte Vollständigkeit und Schnelligkeit des Untersuchungsverfahrens so sehr erreicht, daß, als 1816 das reformheischende Ereignis der Gebietsvermehrung eintritt, es kein Zweifel sein kann, daß in allen neuen Landesteilen die Trennung der Kriminal- und Ziviljurisdiktion durchgeführt wird. Dem Bezirk des Kriminalgerichts zu Weimar wird ein weiteres Gebiet mit über 20000 Einwohnern angegliedert, so daß hier die Ernennung eines zweiten Assessors notwendig wird. Für die sächsischen Ämter Weida und Neustadt wird 1818 ein besonderes Kriminalgericht zu Weida errichtet[11]). In den ehemals sächsischen Gebieten herrschte ganz besonders das Unwesen der Patrimonialgerichtsbarkeit und ihre Zersplitterung ging hier bis ins Lächerliche. Nicht selten treffen zwei oder drei Gerichtsbarkeiten in einem Ort zusammen[12]). Zugrunde gelegt wird auch hier die in den alten Landen geltende Gerichtsordnung. Jedoch sind einige Abänderungen notwendig, die ihren Grund in den besonderen Verhältnissen, vor allem des Neustädter Kreises haben, zum Teil aber auch auf Abänderungsvorschlägen des Landtages beruhen. Man glaubt nicht an die Möglichkeit einer zwangsweisen Durchführung der mit der Trennung verbundenen Abgabe wohlerworbener Jurisdiktionsrechte. Lediglich die Gerichte, die den wichtigsten Teil ihrer Kompetenz in Kriminalsachen abtreten, werden durch die neue Ordnung betroffen[13]). Auf sächsischem Recht beruht es, wenn zur »besetzten Gerichtsbank« neben dem Inquirenten und Protokollführer noch zwei Schöffen erforderlich sind. Ihre Beibehaltung wird gleichzeitig damit begründet, »daß durch die Gegenwart von Schöffen

---

[10]) Zum folgenden B. 2391 s und Landtagsverhandlungen 1817/19, S. 269ff. und 273ff.

[11]) Die Weidaische Kriminalordnung ergeht unter dem 4. 9. 1818 (abgedruckt bei v. Göckel II, 1, 453 ff. und Reg.-Blatt 1818, 61 ff.).

[12]) Ein Bild der Zersplitterung ergibt die Bekanntmachung vom 26. April 1824 (Reg.-Blatt 1824, S. 47f.).

[13]) Die Abtretung erfolgt seitens aller Gerichtsherren, lediglich die der Gerichte zu Knau und Oppurg schließen sich aus.

das gerichtliche Verfahren der Öffentlichkeit, die man von allen Seiten fordert, wenigstens näher gebracht« werde[14]) — das einzige Mal, daß auf diese Zeitforderung eingegangen wird. Im Zusammenhang hiermit wird die Frage einer Neuregelung des Schöffenwesens überhaupt aufgeworfen. Man denkt daran, die Übernahme des Schöffenamtes zu einer allgemeinen Staatsbürgerpflicht zu machen, das Amt zum Ehrenamt auszugestalten, um dem Staate die Kosten dieser Einrichtung zu ersparen. Jedoch die Unmöglichkeit, weit entfernt Wohnende mit dem Schöffenamt zu belasten, und die Gefahr, ungeeignete Personen als Schöffen zu wählen, und der hierdurch hervorgerufene Zweifel an der Durchführbarkeit der Idee bewirken, daß es bei den Normen der alten Kriminalordnung bleibt. Erst gelegentlich der Beratungen des neuen Kriminalgesetzbuches soll der Gedanke wieder aufgegriffen werden[15]). Um das Ansehen der Gerichte zu erhöhen, wird die Zuständigkeitsgrenze bei Diebstählen auf 5 Taler festgesetzt, eine Maßnahme, die wenig später auch für die beiden älteren Gerichte durchgeführt wird. Hier auch deshalb, um der wachsenden Gefahr einer zu großen Arbeitsüberhäufung und Belastung zu begegnen[16]).

Für die früher hessischen und preußischen Gebiete wird erst im Jahre 1820 ein besonderes Gericht in Dermbach errichtet, vor allem, um den von Eisenach zu weit entfernt Wohnenden eine Erleichterung zu verschaffen. Die Zuständigkeit gegenüber dem Eisenacher Kriminalgericht wird dahin abgegrenzt, daß alle auf dem linken Werraufer liegenden Ämter und Patrimonialgerichte der Kompetenz des Dermbacher Gerichts unterliegen. Auch hier wird eine besondere Kriminalordnung erlassen, die aber im wesentlichen mit dem früheren übereinstimmt[17]).

Die beiden Landesregierungen bleiben zunächst in ihrem Charakter als oberste Landesjustizbehörden und als Verwaltungsbehörden unangetastet. Wohl wird ihre Zuständigkeit schon 1808 bei der Neuorganisation der Polizeiverwaltung eingeschränkt. Es werden an Stelle der Landesdirektionen neu errichteten Landespolizeikollegien neben den alten Polizeifunktionen der bisherigen Polizeiverwalterin eine Reihe von Aufgaben, die bisher der einzel-

[14]) Landt.-Verh. 1817—1819, S. 270.

[15]) Dekret vom 9. 2. 1819 (Reg.-Blatt 1821, S. 35); zu einer derartigen Erörterung ist es jedoch nie wieder gekommen.

[16]) Das Patent vom 5. 2. 1822 (Reg.-Blatt 1822, S. 93ff. und v. Göckel II, 2, 1020).

[17]) Sie stammt vom 15. 2. 1820 (Reg.-Blatt 1820, S. 112 und v. Göckel II, 2, 699).

nen Regierung zustanden[18]), übertragen. Aber sie bleiben auch jetzt Justiz- und Verwaltungsbehörden.

Eine wirkliche Änderung tritt erst bei der durch die Gebietserweiterung bedingten Reorganisation der sämtlichen oberen Landesbehörden ein[19]). Erschweren die inneren Verhältnisse des Staates bei den Untergerichtsbehörden eine Trennung der Justiz von der übrigen Verwaltung, machen sie die Durchführung sogar unratsam, so liegen derartige hemmende Gründe bei den höheren Landesbehörden nicht vor. Vielmehr scheint hier zur Erreichung einer sicheren unabhängigen und unparteiischen Rechtspflege die Absonderung der Justizorgane von den Verwaltungsbehörden notwendig und erforderlich. Leitender Grundsatz der Reform der Landesbehörden ist deshalb, die bisherige Verquickung von Verwaltungs- und Justizaufgaben zu lösen, eine scharfe Scheidung zwischen beiden herbeizuführen und hierdurch die Landesregierungen zu reinen rechtsprechenden Organen zu machen. Man will die Unabhängigkeit der richterlichen Beamten durch eine ausdrückliche gesetzliche Stellungnahme sichern. Ihre Entlassung soll nur durch »Recht und Urteil« möglich sein. Für notwendig hält man auch die Festsetzung eines nur mit der Stellung, ohne Rücksicht auf die Person des einzelnen Beamten, verbundenen Gehalts im Gegensatz zu den Mitgliedern der Verwaltungsbehörden, die »der freien Verfügung und dem arbitrio des Regenten anheimgestellt bleiben« und absetzbar sein müßten, und die sich hieraus ergebende Ausschließlichkeit der Betätigung als Justiz- oder als Verwaltungsbeamter. Vor allem von Gersdorff setzt sich für die Verwirklichung dieser Gedanken ein. Er stößt hierbei aber auf den Widerstand von Fritsch, der eine klare Grenzziehung zwischen der Rechtspflege und der Landesverwaltung für unmöglich hält, und der deshalb der Ansicht ist, daß sich die grundsätzlich empfehlenswerte Trennung der Justiz von der übrigen Verwaltung nicht durchführen lasse. Auch fürchtet er die Unabhängigkeit der richterlichen Beamten. »Je mehr über die Unabhängigkeit der Mitglieder der ersten Justizstelle ich nachdenke und über den Ausspruch, daß kein Mitglied anders als durch Urteil und Recht seiner Stelle entsetzt werden dürfe, je weniger kann ich

---

18) So insbesondere die Privilegienerteilung, die Gewerbe- und Handelspolizei.

19) B. 148, B. 148b, B. 719 und Hartung a. a. O. 278, 288. Über die Reorganisation der obersten Landesbehörden in Preußen und die Durchführung der Trennung von Verwaltung und Justiz, Bornhak a. a. O. 355ff., Holtze a. a. O. IV, 58 f.; in Sachsen gehören noch 1828 sämtliche Polizeisachen zur Kompetenz der Landesregierung (Lobe a. a. O. 73).

mich damit befreunden. Teils erscheint es mir ein zu bedeutender Vorzug vor anderen Staatsdienern, welche doch nicht in der Theorie einer willkürlichen Behandlung bloßgestellt sein sollen, für welche in praxi die Humanität Serenissimi sicherstellt, teils schweben mir die Zeiten des Reichskammergerichts und so mancher anderen unabhängigen Justizstellen im Gedächtnis, wo die menschliche Verdorbenheit auf das schändlichste an der Gerechtigkeitspflege sündigte und wo der langsame Weg durch Urteil und Recht schwerlich zum Ziele führte, denn es müßte ein sehr unwissender Richter sein, welcher nicht seine Handlungen so bemessen könnte, daß via juris ihm nicht beizukommen ist«[20]). v. Gersdorffs Absicht, den Grundsatz der Verwaltungstrennung auch verfassungsmäßig festzulegen, scheitert an dem Widerstand Carl Augusts, der sich mit aller Schärfe gegen den von v. Gersdorff eingereichten ersten Verfassungsentwurf wendet und ihn verwirft. »Da die oft mißverstandenen Theorien über Teilung der Staatsgewalten in anderen Ländern so widrige Irrungen erzeugt haben, in den hiesigen Landen das Altherkömmliche und Gegebene außer Streit liege, so möchte alles zu vermeiden sein, das diesen Zustand stören könne.«[21]) Indeß die endgültige Regelung vom 15. Dez. 1815 trägt im weitesten Maße jenen Leitgedanken Rechnung[22]): Alle übrigen oberen Behörden[23]) sind nunmehr reine Verwaltungsbehörden. Insbesondere gehen alle Rechtspflegesachen, die bisher noch zur Kompetenz der Polizeikollegien gehörten[24]), an die Landesregierungen selbst oder an die Untergerichtsbehörden über. Das Personal der Regierung darf nur noch mit reinen Justizsachen beschäftigt werden, nie aber Mitglied einer anderen Behörde sein oder doch nur aushilfsweise andere Geschäfte übernehmen. Ebenso ist der Gedanke eines mit dem Amt verbundenen, unentziehbaren, festbestimmten Besoldungsanspruches verwirklicht. Lediglich die Unabsetzbarkeit ist noch nicht gesetzlich festgelegt, sondern man begnügt sich damit, die Identität zwischen Gerichts- und Verwaltungsbeamten auszuschließen. Als oberste Landesgerichtsbarkeitsbehörde übt die Regierung die Kriminaljurisdiktion nach Maßgabe der Kriminalgerichtsordnungen

---

[20]) B. 148: Bemerkungen zu dem v. Gersdorff'schen Memoire.

[21]) B. 148b, von v. Fritsch aufgeschriebene Entschließung Carl August's vom 22. 3. 1816.

[22]) Vgl. Verordnung die Organisation der Landeskollegien betr. (abgedruckt bei v. Göckel II, 1, 222ff.)

[23]) Landesdirektorium, Landschaftskassenkollegium, Kammern und Oberkonsistorien.

[24]) Insbes. die Polizeidelikte.

aus. Sie führt alle Justiz-, Prozeß- und geistlichen Rechtssachen. Sie hat die Aufsicht über sämtliche mittel- und unmittelbaren Untergerichtsbehörden, sie muß die Gerichtsvisitationen vornehmen. Ein bedeutender Schritt zur Verstaatlichung der Patrimonialgerichte. Lediglich ein Rest ihres früheren Charakters als Justiz- und Verwaltungsbehörde ist noch die Kompetenz in Landeshoheits-, Grenz- und Huldigungssachen, die Führung der Vasallentabellen und die Publikation sämtlicher Landesgesetze und Patente einschließlich der besonders bekannt zu machenden Verfügungen. Sie sind der Regierung teils wegen ihrer engen Beziehung zur Justiz, teils wegen ihrer Schwierigkeit, auch wohl zur letzten Kontrolle geblieben. Ausdrücklich wird auch ein jährlicher Berichterstattungszwang festgesetzt, wobei gleichzeitig motivierte Gutachten über etwa zu erlassende oder zu beseitigende Gesetze beigefügt werden sollen, Gutachten, »welche zur Schonung und Vervollkommnung des Rechtszustandes und der gesetzlichen Freiheit der Staatsbürger wesentlich beitragen könnten«.

Neben der Trennung der Verwaltungs- und Justizaufgaben bedingt die Erweiterung des Staatsgebietes gleichzeitig eine Vergrößerung der örtlichen Zuständigkeit der beiden Landesregierungen. Die Kompetenzsphäre der Weimarer Regierung erstreckt sich jetzt auf das Fürstentum Weimar und die Jenenser Landesportion, auf das Amt Ilmenau, den Neustädter Kreis, das Amt Tautenburg, die Herrschaften Blankenhain und Kranichfeld, endlich auch auf das abgetretene Erfurtische und zum Thüringer Kreis gehörige preußische Gebiet, die der Eisenacher Regierung auf das Fürstentum Eisenach sowie die ehemals hessischen Ämter.

Nicht genug mit dieser grundsätzlichen, die erstrebte, schnelle, sichere und unparteiische Justizpflege gewährleistenden Erneuerung der Untergerichts- und Landesjustizbehörden. Man glaubt, eine weitere völlig unabhängige und unparteiische Instanz sowie gleichzeitig einen Ersatz für das Reichskammergericht schaffen und die in der Justizverfassung des Landes entstandene Lücke ausfüllen zu sollen[25]). Letzteres war für Sachsen-Weimar nicht anders wie für alle übrigen deutschen Staaten, denen das jus de non appellando verliehen worden war[26]), in allen Fällen verweigerter Justiz sowie unter gewissen Voraussetzungen auch in Kammersachen oberster Gerichtshof geblieben. Wie in anderen Gebieten Deutschlands

[25]) Hierzu und zum folgenden B. 2391 r, und Hartung a. a. O. 367 ff., auf den hinsichtlich der zivilrechtlichen Fragen verwiesen werden muß.

[26]) Sachsen-Weimar endgültig 1559, s. darüber Hellfeld a. a. O. 98 f., bes. 108 ff.

machte sich auch in Sachsen-Weimar die Meinung geltend, das jahrhundertelang üblich gewesene Institut der Aktenversendung lasse sich nicht mehr mit der neu gewonnenen völligen Souveränität des Staates vereinbaren. Ihre Kostspieligkeit und Langwierigkeit, ihren eine sichere und einheitliche Rechtsprechung in nichts fördernden Charakter hatte man längst erkannt. Schon im September 1806, nachdem bereits sämtliche Rheinbundstaaten erster Klasse ein Obertribunal errichtet hatten, nehmen die sächsischen Herzogtümer die Idee auf. Doch durch den Beitritt und die beabsichtigte Schutzherrschaft Kursachsens erhält der Plan eines gemeinschaftlichen obersten Gerichtshofes in höchstem Maße politische Tendenz. Trotz allseitigem Beifall für die Idee kommen hier einzelnen Teilnehmern, vor allem Coburg, Bedenken. Sie verzögern die Ausführung. Der folgende Zusammenbruch Preußens, die Erhöhung Sachsens zum Königreich und der Beitritt der sächsischen Herzogtümer zum Rheinbund ergeben völlig andere Verhältnisse und Bedürfnisse, die sich der weiteren Durchführung dieses Planes hemmend entgegenstellen.

Sachsen-Weimar bleibt es überlassen, die Idee eines gemeinschaftlichen Gerichtshofs weiter zu verfolgen und seine Einrichtung zu verwirklichen: Der Regierungskanzler Friedrich v. Müller, erfüllt von dem Gedanken, Sachsen-Weimar-Eisenach zum Musterstaat seiner Zeit zu machen, ist es, der sich für ein Obergericht einsetzt. Eine Reihe von Gedanken veranlaßt ihn 1808 zu der ersten Anregung und gibt ihm durch Jahre die Kraft, diesen Plan zu verfolgen. Neben den Bedenken gegen die Aktenversendung bestimmt ihn die Hoffnung auf eine Vereinheitlichung der Rechtsprechung und die dadurch erhöhte Sicherheit des einzelnen wie der Allgemeinheit. Dazu kommen der Glaube und die Erkenntnis, daß bei der außenpolitischen Festlegung durch die Mitgliedschaft im Rheinbund lediglich auf dem Gebiet des Justizwesens »den landesväterlichen Gesinnungen des Souveräns der freieste Spielraum vergönnt sei«[27]). Zugleich treiben ihn die Erwartung, durch die gemeinsame Reform auch zu einem gemeinsamen politischen Vorgehen und dadurch zu einer bedeutenderen Stellung innerhalb des Bundes zu gelangen, vielleicht durch die Förderung der politischen Einheit und Harmonie sogar die Gründung einer thüringischen Union erreichen zu können, sowie end-

---

[27]) Promemoria Müller's vom 28. 2. 1808.

lich die Furcht, dem höchsten Gerichtshof eines anderen Staates unterstellt zu werden.

Die Grundlage des neuen Gerichtshofes soll nach dem Organisationsplan, den der Kanzler Carl August zugleich mit seiner ersten Anregung überreicht, das gemeinschaftliche Hofgericht zu Jena bilden. Dieses[28]) wird in seiner bisherigen Form seiner eigentlichen Bestimmung, der Entlastung der Landesjustizkollegien, in keiner Weise gerecht. Es ist in seiner jetzigen Gestalt zu sehr überaltert, zumal die gesetzliche Grundlage noch immer die verbesserte Hofgerichtsordnung des Jahres 1653 bildet[29]). Das Verfahren ist mit großen Förmlichkeiten durchsetzt, sehr weitläufig und kostspielig, besonders durch die Notwendigkeit von Güte- und Prozeßadvokaten, von denen jedoch nur die letzteren einen wirklichen Vorteil für die Parteien bedeuten, während jene allmählich in die Abhängigkeit dieser gelangten. So erscheint das Verfahren lediglich »die in solche Prozesse gezogenen Interessenten auf das empfindlichste drückend und die Streitsucht unruhiger Leute auf das nachteiligste nährend«[30]). Die Hofgerichtsordnung selbst — nur alle Vierteljahr finden sich Hofrichter und Assessoren zu Hofgerichtssitzungen zusammen — bietet keine Gewähr für eine rasche Justiz und ebensowenig eine Handhabe, die Streitsucht der Parteien einzudämmen. Wohl haben Reformversuche stattgefunden. Zuletzt — 1775 — hat das Hofgericht selbst auf eine Erneuerung seiner Verfassung und Prozeßordnung gedrungen: Doch sind diese Anregungen nicht über bloße Begutachtungen hinausgekommen[31]).

An die Stelle dieses Gerichtshofes soll jetzt ein neues, nicht wie bisher bloß konkurrierendes, sondern höchstes Justizorgan treten, das aufgehobene Reichskammergericht ersetzen und die Aktenversendung entbehrlich machen. Es ist gedacht als ein reines Rechtsprechungsorgan mit dem Charakter eines Schöppenstuhls. Deshalb fehlt ihm die unmittelbare Exekutivgewalt, den Landesregierungen gegenüber steht ihm nur ein Beschwerderecht zu. Wohl aber denkt von Müller daran, die völlige Unabhängigkeit des neuen Gerichtshofes durch eine Befreiung seiner Mitglieder von jeglicher Verantwortung einem einzelnen Hof gegenüber und durch ihre Verpflichtung auf sämtliche Höfe zu gewährleisten. Eine besondere Gerichtsbarkeit soll dem neuen Institut über seine eigenen Angehörigen zustehen.

---

[28]) B. 2391 r, A. 8002, A. 8024; sehr eingehend auch Hartung a. a. O. 367 f.

[29]) Abgedruckt bei Schmidt 4, 457 ff.

[30]) A. 8024.

[31]) Im einzelnen A. 8031 und A. 8032.

Carl August findet diesen Plan »recht schön und weit umfassend«[32]), indeß doch auch in manchen Punkten wieder viel zu weitgehend: Er glaubt, daß die Kompetenzsphäre gegenüber den Souveränitätsrechten des Staates zu umfangreich sei und bedeutend eingeschränkter sein könne. Er wendet sich deshalb gegen die Gerichtsbarkeit über die eigenen Angehörigen und sieht hierin »ein corpus criticum, das manches Nachteilige haben möchte«[33]). Ebenso scheint ihm die vorgesehene Appellationsmöglichkeit bei erkannten Zuchthausstrafen die richterliche Gewalt der einzelnen Landesregierungen zu sehr einzuschränken. »Sollte es denn wirklich nötig sein, bei jedem Kriminalfall, wo auf Tod und Leben oder ewige Gefangenschaft, Spezialinquisition u. a. gesprochen wird, die Akten zu verschicken? Die neumodische Philantropie der Rechtsgelehrten auf den Universitäten, wohin die Sachen nach Urteil geschickt wurden, hat einen erstaunlichen Schaden getan und die größten Excesse durch Straflosigkeit vermehren helfen. Eine Regierung muß doch so gut wie ein Urteilsfabrikant wissen, wie nach den Rechten zu sprechen ist, und es möchte besser sein, wenn einer solchen es überlassen bliebe, Strenge oder Milde anzuwenden, je nachdem die momentane Lage des Staates das eine oder das andere erfordere, indem die Regierung den Zustand des Landes kennen muß, von welchem das Spruchkollegium nichts weiß; ... dazu kommen die ungeheuren Kosten einer solchen Untersuchung. Meistens ist das Subjekt sovielen Geldes nicht wert, und das Geld, was für Untersuchungen und Urteile aufgeht, wäre besser an die Schulen gewendet, um moralisch gute Menschen zu ziehen, als um einem vom Galgen zu helfen, der nichts als des Todes wert ist«[34]).

Noch ist die Zeit zur Verwirklichung der Anregung von Müllers nicht reif. Wohl finden Verhandlungen, vor allem mit Sachsen-Gotha und Sachsen-Meiningen, statt, mit dem Erfolg, daß zur Vollendung der geplanten Institution baldmöglichst eine gemeinsame Kommission zusammentreten soll. Jedoch die politischen Ereignisse der Folgezeit, veraltete Vorurteile und eifersüchtige Mißgunst auf eine etwaige Vormachtstellung Sachsen-Weimars ziehen das vorläufige Ruhen des Weimarschen Planes nach sich[35]).

---

[32]) Persönliches undatiertes Schreiben Carl August's in B. 2391 r; die zitierte Stelle spricht gegen die von Hartung a. a. O. 368 gegebene Darstellung, die zwar eine Abneigung Carl Augusts nicht ausdrücklich bejaht, sie aber doch zum mindesten vermuten läßt.

[33]) Ebenda.

[34]) Ebenda.

[35]) Hierzu und zum folgenden B. 2391 d, e, A. 8038, A. 8039.

1814 anläßlich der Wiener Bundesverhandlungen wieder aufgenommen, verdankt der Plan eines gemeinschaftlichen Obergerichtshofes schließlich allein der Bundesakte vom 8. Juni 1815 seine Verwirklichung. Sie macht den Mitgliedsstaaten die Begründung eines eigenen obersten Gerichtes zur Pflicht, sei es allein oder in Gemeinschaft mit anderen deutschen Staaten, damit im ganzen deutschen Staatsgefüge sichere und unparteiische Rechtspflege gewährleistet werde[36]). Sie zwingt auch die sächsischen Höfe zur Wiederaufnahme der Verhandlungen. Den in Wien zunächst von v. Gersdorff geführten Besprechungen folgen solche in Liebenstein, und in Jena finden sie schließlich in längeren Kommissionsberatungen ihren Abschluß. Zugrundegelegt wird wieder jener sachsen-weimarische von v. Müller ausgearbeitete Plan, der zwar zum Teil umgearbeitet, doch in den Grundzügen der gleiche geblieben ist. Auf ihm baut sich, unter ausdrücklicher Betonung der Unvereinbarkeit mit einem etwaigen weiteren Bestehen des Jenenser Hofgerichts, das Grundgesetz des neuen Justizorgans auf. Doch schon zu Beginn der Verhandlungen zeigt sich, daß die teilnehmenden Höfe völlig entgegengesetzte Ziele verfolgen. Während Sachsen-Weimar vor allem die für notwendig erkannte und auch schon verfassungsmäßig festgelegte dritte Instanz anstrebt, um auf diese Art Einfluß auf die Bildung fester Rechtsnormen zu gewinnen und die Rechtsprechung zu vereinheitlichen, wollen vor allem Gotha und Koburg den Einfluß des Gerichtshofes auf die Territorialverfassung und die Rechtsbildung lähmen und ausschalten. Die Autorität eines obersten Gerichtshofes erscheint ihnen als Schreckbild, nur zu leicht geeignet, das Ansehen der eigenen Landesjustizbehörden zu gefährden. Gotha will ebenso wie Weimar die Unabhängigkeit der einzelnen Landesregierungen erhalten und dem neuen Gericht nur die Stellung eines Spruchkollegiums einräumen. Meiningen und Hildburghausen denken im Sinne der Bundesakte an die Errichtung eines wirklichen obersten Gerichts mit der Befugnis, die Aufsicht über die Landesjustizbehörden auszuüben, sie zu visitieren und zu kontrollieren, ferner mit dem Recht, über Beschwerden wegen verzögerter oder verweigerter Justiz zu entscheiden. Zwiespalt besteht über die Frage der Aktenversendung. Manchen Höfen erscheint sie als altgeschätztes Vorrecht bürgerlicher Freiheit. Sachsen-Weimars Stellung wird durch die persönliche Äußerung Carl Augusts treffend gekennzeichnet. Die meisten Schwierigkeiten bereitet die nicht strafrechtliche Frage, ob und

---

[36]) Allgemein: Eichhorn IV. Teil, S. 694ff.

inwieweit sich die Höfe in ihren eigenen Streitigkeiten dem Spruch des gemeinsamen Gerichtshofes unterwerfen wollen. Bei ihrer grundsätzlichen Bedeutung verhindert sie fast die Errichtung. Doch dem Kanzler v. Müller, unter dessen Vorsitz die Beratungen der Jenaer Kommission stattfinden, gelingt es, in den meisten Punkten eine Einigung herbeizuführen. Er erreicht die angestrebte Unabhängigkeit und die Nichtunterordnung der Landesjustizbehörden. Aber in anderen Fragen, so der des Instanzenzuges und der hiermit zusammenhängenden Punkte, sind die Gegensätze so stark, daß ihre Regelung der Landesgesetzgebung überlassen bleiben muß.

Das Ergebnis der Kommissionsberatungen — die provisorische Oberappellationsgerichtsordnung vom 8. Oktober 1816[37]) — findet die Billigung der Höfe. Noch im Oktober kann der Staatsvertrag über die Errichtung eines gemeinschaftlichen Oberappellationsgerichtshofes unterschrieben werden, und Anfang 1817 nimmt das neue Gericht, nachdem kurz zuvor das Hofgericht seine letzte Sitzung abgehalten hat, seine Tätigkeit in Jena auf. Die Verfassung des Gerichtshofes erhält eine besondere Note dadurch, daß sie zu einem Bestandteil der herzoglich-sächsischen Staatsverfassungen erklärt wird. Eine Maßnahme, die ihre Unverletzbarkeit ganz besonders sicherstellen und gewährleisten soll.

Für die Oberappellationsgerichtsordnung ist es bezeichnend, daß sie zu gleicher Zeit prozessuale Bestimmungen neben solchen enthält, die lediglich die Verfassung des Gerichts betreffen. Normen über das Verfahren vor dem Gericht stehen neben solchen über die Besetzung. Hierdurch ist auch der Mangel an Einheit und Systematik sowie die Lückenhaftigkeit bedingt, die das neue Gesetz kennzeichnet. Aus der historischen Entwicklung allein ist es zu erklären, wenn zudem landesrechtliche Bestimmungen mit solchen abwechseln, die abändernd in das Verfahren bei den Landesregierungen eingreifen.

Seinem ganzen Charakter nach ist das neue Institut kein oberstes Gericht, sondern lediglich »ein zu einigen Prozeßhandlungen dürftig befugtes Spruchkollegium«[38]). Das für ein oberstes Gericht Charakteristische, die Überordnung über sämtliche anderen Gerichtsorgane und deren Subordination, fehlt dem Oberappellationsgericht. Selbst ein unmittelbarer Verkehr mit den Ämtern und Patrimonialgerichten ist ausgeschlossen. Lediglich mit den Regie-

[37]) Abgedruckt bei v. Göckel Bd. II, 1, 289ff.

[38]) Gensler in: Heidelberger Jahrbücher 10. Jhrg., I. Hälfte, S. 66.

rungen ist ein Schriftwechsel möglich. Auch dieser geht nicht in Form von Reskripten vor sich, sondern es ist nur »ein in Freundschaft Kommunizieren«[39]). Beschwerden über Justizverzögerungen oder -verweigerungen und über die Ablehnung einer Berufung durch die Landesjustizbehörden können beim Oberappellationsgerichtshof nicht anhängig gemacht werden. Diesem steht allein die Einlegung einer beschwerdeführenden Schrift beim jeweiligen Landesherren zu. Das eigentliche Verfahren bei Berufungen an das Oberappellationsgericht findet bei den Landesjustizbehörden statt. Ihnen steht die Leitung zu. Bei ihnen werden die in letzter Instanz angeordneten Beweiserhebungen vorgenommen. Nur mit ihren Ergebnissen hat sich das Oberappellationsgericht zu befassen. Den Landesbehörden endlich steht die Publikation der Urteile und ihre Vollstreckung zu. Solange das landesherrliche Bestätigungsrecht ausgeübt wird, sind die Entscheidungen des Oberappellationsgerichtes nicht unangreifbar. Die Oberappellationsgerichtsräte haben gleichen Rang mit den Regierungsmitgliedern. Der Präsident kann sogar dem Chef eines Landeskollegiums nachgeordnet sein, wenn dessen Ernennungspatent älteren Datums ist.

Besetzt ist das Oberappellationsgericht mit einem Präsidenten und neun Räten, von denen vier hauptamtlich tätig sind, während die fünf übrigen Stellen den jeweiligen Mitgliedern der Jenaer Juristenfakultät zustehen. Ihnen werden besondere Erleichterungen im Hinblick auf ihre Lehrtätigkeit gewährleistet. Sie sind nur verpflichtet, an den Spruchsessionen teilzunehmen. Die Räte müssen mindestens 30 Jahre alt und schon vorher stimmführendes Mitglied einer Fakultät oder eines Justizkollegiums gewesen sein. Eine Proberelation entscheidet über ihre endgültige Berufung. Mit der Stellung eines Rates am Oberappellationsgericht ist zugleich die eines Honorarprofessors der Jenaer Universität verbunden. Jeder Rat ist zur Abhaltung von Vorlesungen berechtigt. Jedoch ist diese Professur das einzige Nebenamt, das ein Mitglied des Gerichtshofes innehaben darf. Mit seiner Berufung an das Oberappellationsgericht scheidet jeder aus dem bisherigen Spezialdienstverhältnis aus und ist nunmehr nur noch der Gesamtheit der am Oberappellationsgericht beteiligten Höfe verpflichtet und nur dieser gegenüber verantwortlich. Die hierin liegende Unabhängigkeit des Gerichtshofes wird noch dadurch gehoben, daß der einzelne Rat seiner Stelle nur »durch Urteil und Recht« entsetzt werden kann. Eine Aufsicht wird lediglich dadurch ausgeübt, daß der jeweilige

---

[39]) Ebenda.

Inspektionshof — alljährlich ist es ein anderer Hof nach einem bestimmten Turnus — den Geschäftsgang und die gesamten öffentlichen Verhältnisse des Gerichts sowie die ordnungsmäßige Handhabung der Verfassung beaufsichtigt und bei Kollisionen mit anderen Behörden, insbesondere den Landesjustizkollegien, vermittelt. Dem Chef der Landesregierung des jeweiligen Inspektionshofes steht eine besondere Ehrenmitgliedschaft mit dem Recht der Teilnahme an den Sitzungen des Gerichts, jedoch ohne Stimmberechtigung, zu.

Die Sitzungen sind entweder Extrajudizial- oder Spruchsessionen. Vor letztere gelangen nur spruchreife Sachen. Jedoch steht es dem Präsidenten frei, besonders dringliche und vor allem auch Kriminalsachen sogleich in die Spruchsession einzuweisen. Während in den Extrajudizialsessionen nur anhängige Sachen beraten werden — es brauchen neben dem Präsidenten nur vier Räte zugegen zu sein — wird in der Spruchsession das Urteil gefällt: Erforderlich ist hier die Anwesenheit von mindestens sieben Beisitzern. Ein Referent und Korreferent erstatten Bericht. An ihre Referate schließt sich die Abstimmung an, bei Stimmengleichheit geht die mildere Ansicht vor. Das Urteil — der Referent soll es schon vor der Abstimmung »in voller Form« dem Präsidenten überreichen — ist schriftlich abzufassen und muß neben dem Erkenntnis eine gedrängte Darstellung des Tatbestandes, eine kurze Prozeßgeschichte und eine rechtliche Beurteilung enthalten und von allen Beisitzern unterschrieben sein.

Zuständig ist das Oberappellationsgericht »als oberste und letzte Instanz in allen denjenigen Kriminalsachen, die nach jedes Landes besonderer Verfassung von den Landesjustizkollegien dahingelangen«[40]: Sachsen-Weimar überläßt es, sobald die Regierung ihr Urteil gesprochen hat — sie darf jetzt nur noch in besonderen Fällen und lediglich nach vorheriger Genehmigung des Landesherrn die Akten zur Urteilsfällung versenden —, der freien Wahl seiner Untertanen, ob ein auswärtiges Dikasterium oder der Jenaer Schöppenstuhl oder aber das Oberappellationsgericht sich mit der weiteren Nachprüfung befassen soll. Diese Regelung beruht einerseits darauf, daß die Bundesakte die Aktenversendung für alle Obergerichte zuließ, andererseits aber, »damit althergebrachte bürgerliche Freiheit in keiner Weise gefährdet scheine«[41]. Wünscht der Angeschuldigte

[40]) Neben der Zuständigkeit in Zivilsachen.

[41]) v. Müller: Eröffnungsrede vom 7. 1. 1817 (gedrucktes Exemplar in A. 8040).

die Aktenversendung, so steht ihm nur dann noch der Weg zum Oberappellationsgericht offen, wenn er nicht schon vor dem ersten Erkenntnis mit seiner Defension gehört worden ist. Gegen das Urteil des Oberappellationsgerichts selbst gibt es keine weitere Berufung. Sein Ausspruch ist »unverletzlich und unwiderruflich, von keines weiteren Rechtsmittels ungewissem Erfolg mehr abhängig«[42]. Dies gilt nicht nur für den Einzelfall, sondern darüber hinaus auch für alle gleichgearteten Fälle, damit »sich ein fester und zweifelsfreier Rechtszustand bilde und die so oft schwankende Wage des Rechts hier sicheren Stützpunkt und letzte Gleichung finde«[43]. Nur der Landesherr kann derartige Präjudizien für später außer Kraft setzen. Erkennt das Oberappellationsgericht auf eine Vervollständigung der Akten, etwa auf die Erhebung weiterer Beweise, so muß sich das Untersuchungsgericht erneut mit der Sache befassen und die Regierung erneut ihr Urteil sprechen. Gegen dieses Urteil kann von neuem der Rechtsweg beschritten werden.

Allerdings ist das Oberappellationsgericht nicht zuständig, wenn die in erster Instanz ausgesprochene Strafe nicht mehr als sechs Monate Gefängnis beträgt, hundert Taler oder 40 Hiebe nicht übersteigt. Inappellabel sind auch die geringeren Disziplinarsachen und auch solche Erkenntnisse, die lediglich einen Reinigungseid verhängen oder den Inkulpaten freisprechen. Jedoch kann die Landesregierung in allen Fällen nach ihrem freien Ermessen eine Berufung zulassen. Sie soll es — es bedarf nur eines besonderen Ansuchens — wenn der Beschuldigte glaubhaft seine gänzliche Unschuld behauptet und auch nachzuweisen unternimmt. Auch dann wird das Oberappellationsgericht nicht mit der Untersuchung befaßt, wenn sich der Inkulpat bei dem Erkenntnis der Regierung beruhigt. Lautet dieses jedoch auf den Tod oder auf eine zehnjährige oder längere Freiheitsstrafe, so muß, auch wider den Willen des Verurteilten oder bei völliger Aussichtslosigkeit, zwangsweise eine nochmalige Defensionsschrift eingereicht und das Berufungsverfahren durchgeführt werden.

In ihrem ganzen Aufbau ein Produkt von Kompromissen, befriedigt die vorläufig nur provisorische Oberappellationsgerichtsordnung die öffentliche Meinung nicht. Unmittelbar nach seinem Bekanntwerden wird das neue Gesetz von einer Reihe führender Blätter heftig angegriffen[44]. Eine Folge dieser Anschauungen ist es,

---

[42]) Ebenda.

[43]) Ebenda.

[44]) Gensler in: Heidelbergische Jahrbücher der Literatur 10. Jahrg.,

wenn die freien Städte, vor allem Frankfurt a. Main — wohl von Goethe beeinflußt — von ihrer ursprünglichen Absicht, dem neuen Gerichtshof beizutreten, Abstand nehmen[45]). Die Kritik tadelt vor allem den Charakter des neuen Gerichtshofes als reines Spruchkollegium und seine Stellung gegenüber den einzelnen Landesbehörden, sei es den Regierungen, sei es den Ämtern oder Patrimonialgerichten. Beeinflußt von dieser Stellungnahme, verleiht ihr im Februar 1817 in Sachsen-Weimar selbst der eben einberufene Landtag lebhaften Ausdruck[46]). Die Ansichten seiner einzelnen Mitglieder decken sich mit jenen Veröffentlichungen. Der Landtag verlangt für das Oberappellationsgericht die Stellung eines obersten Gerichtshofes und damit zugleich die hierfür unentbehrliche Subordination der Untergerichte, außerdem das Entscheidungsrecht in allen Fällen verzögerter oder verweigerter Justiz. Der Landtag fürchtet, ohne diese Änderung werde das neue Gericht das aufgehobene Hofgericht schwerlich übertreffen. Erst diese Neuerungen könnten die verfassungsmäßig zugesicherte unparteiische Rechtspflege in drei Instanzen uneingeschränkt sichern. Außerdem wendet er sich gegen die den Präjudizien beigelegte Gesetzeskraft und die hierdurch bewirkte Möglichkeit, landesgesetzliche Bestimmungen durch richterlichen Spruch außer Kraft zu setzen.

Der Erfolg dieser kritischen Stellungnahme des Landtages ist ein die Oberappellationsgerichtsordnung abänderndes Patent vom 29. April 1817[47]). Seine Bedeutung für die Stellung des Gerichtshofes gegenüber den übrigen Gerichtsbehörden Sachsen-Weimar-Eisenachs liegt einmal darin, daß das Oberappellationsgericht bei Beschwerden über verweigerte Justiz für zuständig erklärt wird, es sei denn, diese werden in Sachen erhoben, die überhaupt von der Kompetenz des Gerichtshofes ausgenommen sind, oder bei solchen gegen die Verwerfung einer eingelegten Berufung durch eine der beiden Landesregierungen. Zum anderen darin, daß seine Entscheidungen, ob sie nun dem Beschwerdeführer Recht geben oder ob sie dem Standpunkt der Landesregierung beitreten, von dieser durchgeführt werden müssen. Hierin liegt ein wichtiger Schritt der obersten Landesorgane auf dem Wege zur Anerkennung des

---

I. Hälfte, S. 65ff.; F. C. v. St. in: Jenaische allgemeine Literaturzeitung 1817, 14. Jahrg., I. Bd. Nr. 52 u. 53.

[45]) Goethes Werke IV. Abtlg., Bd. 27, Nr. 7593, 7604, 7606; B. 2391f. ergibt zudem den Antrag des Landgrafen von Hessen-Homburg; jedoch erfolgt hier keine endgültige Zusage.

[46]) Nicht gedruckte Akten des Landtags vom 3. 2. bis 20. 3. 1817, Bd. II und III.

[47]) Abgedruckt im Reg.-Blatt 1817 (im Staatsarchiv) und bei v. Göckel, II, 1, 368ff.

Oberappellationsgerichts als obersten und höchsten Gerichts des jungen Großherzogtums. Auch in anderer Hinsicht kommt man den Wünschen der Volksvertretung entgegen: Die gesetzesähnliche Wirkung eines Urteilsspruchs wird auf die doktrinelle Auslegung strittiger Punkte beschränkt.

Das Oberappellationsgericht nennt sich selbst oberstes und höchstes Gericht, das über sämtliche übrigen Justizorgane gesetzt sei. Es beruft sich dabei zu seiner Rechtfertigung auf das abändernde Patent und den Wortlaut und wahren Sinn der Bundesakte. Die freie und von allen äußeren Einflüssen unabhängige Rechtsprechung ruft aber Widerstände hervor, die sich seiner Unabhängigkeit hemmend entgegenstellen, sich gegen seinen liberalen Geist wenden und es nicht als oberstes Landesgericht uneingeschränkt anerkennen wollen. Vor allem das Scheitern gewisser politischer Maßnahmen nimmt das Staatsministerium gegen den eben geschaffenen Gerichtshof ein[48]). Man denkt daran, die Professoren — sie werden als die eigentlichen Träger des verderblichen Geistes betrachtet — zu entfernen und den Sitz des Gerichts aus Jena zu verlegen, um so jeden Einfluß der Universität auszuschalten[49]). Es kommt hinzu, daß die Professoren selbst wiederholt um Entlastung gebeten haben, da ihre umfangreiche Beschäftigung — Universität, Oberappellationsgericht und Schöppenstuhl — ihnen kaum Zeit zu wissenschaftlicher Betätigung läßt. Es ist sogar so weit gekommen, daß auswärtige Dozenten um dieser Inanspruchnahme willen nur ungern nach Jena gehen, und die nach dort berufenen nur zu gern ihr Lehramt mit dem an einer anderen Universität vertauschen. Ein weiterer nicht akademischer Rat und zwei Regierungsräte sollen sie nach dem Vorbild des alten Hofgerichts und anderer deutscher Gerichtshöfe[50]) ersetzen. Ebenso will man die gemeinschaftliche und deshalb wirkungslose Aufsicht zugunsten einer solchen der einzelnen Landesherren beseitigen. Im November 1819 wird mit Gotha, dem derzeitigen Inspektionshof, über eine Änderung der bestehenden Ordnung verhandelt. Vor allem der eigentliche Gründer, der Kanzler v. Müller, verstimmt durch die Entwicklung und die durch sie bedingte Kompetenzeinschränkung des von ihm geleiteten Kollegiums, führt den Kampf gegen den höchsten Gerichtshof. Aber die Erkenntnis, daß der Zeitpunkt der Reorganisation denkbar ungünstig, die Änderung vielmehr als ein Angriff auf die Selbständigkeit, Freiheit und Unabhängigkeit des Gerichtshofes aufgefaßt wer-

[48]) So gegen Oken, Luden und Wieland.

[49]) Herbst 1819.

[50]) So z. B. Dresden.

den könne, setzt den weiteren Plänen ein Ziel. Namentlich das Mitglied des Staatsministeriums, der frühere Jenaer Professor Schweitzer, macht auf diese Schwierigkeiten aufmerksam und verhindert dadurch eine Änderung der Verfassung des Oberappellationsgerichts zugunsten der Landesregierungen. Seinem Einfluß ist es auch zuzuschreiben, wenn Carl August in der folgenden Zeit eher geneigt ist, die Kompetenz des Jenaer Gerichts zu erweitern und es mit allen Attributen eines obersten Gerichtshofes auszustatten[51]). Diese Auffassung wird nunmehr auch den Arbeiten für die definitive Verfassung zugrunde gelegt. Dazu kommt es jedoch zu Lebzeiten Carl Augusts nicht mehr. Wohl werden Vorarbeiten geleistet. Der Auftrag hierzu ergeht um die Wende des Jahres 1820 an das Oberappellationsgericht selbst. Doch glaubt man, die Pläne nur im Zusammenhang mit der allgemeinen Strafrechts- und Strafprozeßreform verwirklichen zu können und macht damit die Reform von deren unsicherem Geschick abhängig. Nur eine einzelne dafür aber auch um so wesentlichere Abänderung wird 1826 vorweggenommen: Was man bei der Gründung des Oberappellationsgerichts im Hinblick auf den Wortlaut der Bundesakte noch nicht zu tun wagte, wird jetzt ausgeführt. Die Aktenversendung wird grundsätzlich zugunsten des Oberappellationsgerichts ausgeschlossen. Nur, wenn der Spruch der ersten Instanz auf Todes- oder lebenslängliche Zuchthausstrafe lautet, und bei Staatsverbrechen steht dem Inkulpaten noch die Wahl zwischen dem staatlichen Gericht und einem Dikasterium zu. Nur in diesen Fällen verbleibt ein Anspruch auf Versendung der Akten. Der Grund der Neuregelung ist derselbe, der schon früher gegen eine Versendung der Akten sprach — die eine einheitliche und konstante Rechtsprechung wenig fördernde Tätigkeit der Schöppenstühle und Juristenfakultäten[52]).

Das gleiche Jahr bringt noch einmal einen Versuch v. Müllers, den Landesregierungen ihre alte Stellung als oberste Landesjustizbehörden wieder zu verleihen[53]). Zwei vom Oberappellationsgerichtshof aufgehobene Entscheidungen der Weimarer Regierung geben Anlaß, die Beseitigung der aufhebenden Sprüche durch einen Verwaltungsakt zu fordern. Der Versuch scheitert. Zu tief sind die leitenden Minister von der Bedeutung der allgemeinen philosophischen und

---

[51]) B. 2391 f. und die dortige von Schweitzer verfaßte höchste Entschließung vom 4. Dez. 1819.

[52]) Landt-Verh. 1826, S. XXXII ff. u. Beilagen S. 58 f., 121; Hartung a. a. O. 378; das Gesetz — vom 15. Mai 1826 — findet sich im Reg.-Blatt 1826, 55 f. und bei v. Göckel II, 2, 1470.

[53]) B. 2391 g.

staatsrechtlichen Grundsätze überzeugt, die die Reorganisation der Gerichtsverfassung beeinflußten und zur Gründung des höchsten Gerichtshofes führten. Bestimmend ist der Glaube, daß der Staat kein Recht habe, in den Gang der Rechtsprechung einzugreifen, ohne Rücksicht darauf, ob die richterliche Entscheidung den Gesetzen entspreche oder nicht. Lediglich das Recht stehe ihm zu, für die Zukunft neue Gesetze zu erlassen, und die Möglichkeit, den Justizbehörden die Gründe zu eröffnen, aus denen sich die Rechtmäßigkeit eines Verfahrens oder einer Entscheidung bezweifeln lasse[54]).

VII. Kapitel.

Die Reform des materiellen und formellen Strafrechts.

In der allmählichen Anerkennung des Oberappellationsgerichts als höchster richterlicher Behörde des Staates, in der Ablehnung eines jeden Angriffs auf die richterliche Unabhängigkeit und den Gang der Justizpflege findet die Neuordnung der Gerichtsverfassung Sachsen-Weimar-Eisenachs ihren Höhepunkt. Allein zu einer Verwirklichung der leitenden Staatsgrundsätze, einer Gewährleistung der allgemeinen Wohlfahrt und der Sicherheit des Einzelnen, seiner Person wie seines Eigentums, bedarf es noch mehr. Dic erstrebte sichere, einheitliche und unparteiische Rechtspflege kann nicht verwirklicht werden, solange noch die peinliche Halsgerichtsordnung mit ihren grausamen, früheren Jahrhunderten angehörigen Strafnormen in Geltung ist. Angesichts ihrer teils unanwendbaren, teils dehnbaren Bestimmungen ist es unmöglich, richterliche Eingriffe in die Befugnisse des Gesetzgebers zu verhindern, um auf diese Art jegliche Willkür auszuschließen. Den Bemühungen der Richter, »den totgeweihten Inquisiten von der Lebensstrafe durch irgendeine gewaltsame Wendung und Auslegung der Gesetzesworte und durch Begünstigung der vorgespiegelten Imputationsunfähigkeit mit anscheinend guter Manier zu erretten«[1]) kann nur durch völlig neue Strafgesetze Einhalt getan werden[2]). Die Reorganisation der Kriminalgerichtsverfassung erfüllt lediglich die Voraussetzungen für die Verwirklichung einer Reform der Strafgesetzgebung. Sie leistet nur die Gewähr für die Anwendung und wirk-

---

54) Ebenso auch B. 2870 und B. 7773.

1) Gutachten des meiningischen Reg.-Rates Schwendler v. 11. Aug. 1808 in B. 2391 r. Über den Zusammenhang zwischen Imputationslehre und Strafmilderungsrecht allgemein für Deutschland: Loening in Zeitschr. f. ges. Strafrechtswissenschaft III, bes. 268 f.

2) Hierzu und zum folgenden B. 2371 a.

liche Durchführung eines der Zeit und ihrem Geist entsprechenden materiellen Rechts.

Zunächst wird jedoch lediglich die Änderung eines Teils der geltenden strafrechtlichen Normen in Aussicht genommen, dessen Reformbedürfnis als besonders groß und notwendig empfunden wird: Die Diebstahlsbestimmungen, die ihre gesetzliche Grundlage neben der Carolina in dem Gaunermandat aus dem Jahre 1758 finden. Die wachsende Zunahme der Eigentumsdelikte — ihretwegen geschehen die meisten Verurteilungen[3]) — beweist die Unzulänglichkeit der geltenden Gesetze, und gerade hier hat sich vor allem richterliche Willkür Bahn gebrochen und die widersprechendsten Urteile gezeitigt. Während das eine Dikasterium die gesetzmäßigen Strafen in ihrer ganzen Schärfe anwendet, weiß sie das andere durch willkürliche Unterstellungen zu mildern. Selbst innerhalb der Urteilssprüche des Jenaer Spruchkollegiums herrscht keine Einheit. So bezweifelt es das eine Mal die Gültigkeit der peinlichen Halsgerichtsordnung — ein Ausdruck der herrschenden Zweifel an ihrer Geltung nach den durch die politischen Ereignisse bedingten staatsrechtlichen Änderungen —, das andere Mal geht es über sie hinaus und bringt die weitaus schärferen Strafbestimmungen des Gaunermandates zur Anwendung. Desgleichen sind sich auch die Mitglieder der einzelnen Landesregierungen nicht immer einig. Über Tod und Leben des einzelnen Inkulpaten entscheidet ausschließlich die Zusammensetzung des Gerichts, die mehr oder minder große Zaghaftigkeit des Sachreferenten. Unterstützt wird diese Rechtsprechung durch die Zweideutigkeit mancher gesetzlichen Bestimmungen und durch ihre trotz großer Weitläufigkeit zu ungenaue und zu wenig präzise Fassung. Zweifelhaft vor allem erscheint es, auf wen die Vorschriften des Mandates zur Anwendung zu kommen haben, ob nur auf Diebesbanden und Komplotte oder auch auf einzelne Verbrecher, und welche Momente einen Einbruchsdiebstahl bestimmen, so ob etwa der Gebrauch von Dietrichen zur Qualifizierung genügt. Endlich wird einmal die zwar gesetzlich festgelegte, jedoch kaum gehandhabte Bestimmung einer wiederholten Verlesung für die Gültigkeit als wesentlich bezeichnet, ein anderes Mal dagegen auf diese Bestimmung keine Rücksicht genommen.

---

[3]) Unter den 55 Züchtlingen der Zuchthaustabelle vom 1. 10. 1810 befinden sich allein 36 wegen Diebstahls Verurteilte, im März 1811 sind es bei 56 Insassen sogar 39. Nach v. Arnim a. a. O. Teil II, 103 machen die Räuber, Diebe und Betrüger mehr als $^3/_4$ aller Gefangenen aus.

1812 werden die Regierungsräte Beck und Müller[4]) mit der Umarbeitung des Gaunermandats unter Zugrundelegung der neuesten Gesetze oder Gesetzesentwürfe und der wissenschaftlichen Forderungen einer Reihe bekannter Strafrechtslehrer[5]) beauftragt — ein schon zu Anfang des Jahrhunderts ernstlich erwogener Plan[6]). Trotz der großen wirtschaftlichen Not und der unsicheren politischen Lage werden noch die Vorarbeiten aufgenommen[7]). Ja man versucht sogar, die Arbeit auf das gesamte materielle Strafrecht auszudehnen. Jedoch die durch die Wiener Verhandlungen begünstigte Hoffnung auf eine einheitliche Gesetzgebung für alle deutschen Staaten unterbricht die Arbeiten. Der glückliche Kriegsausgang, die Vergrößerung des Staatsgebietes und die hierdurch bedingte Vermehrung der Regierungsgeschäfte, endlich das durch die verschiedenartigen Rechte der neuen Landesteile immer fühlbarer werdende Bedürfnis einer Reform des gesamten materiellen Rechts lassen es im Herbst 1815 ratsam erscheinen, mit der Fortführung der Aufgabe unabhängigere Persönlichkeiten zu betrauen. Kann man die eigenen Gesetze in den neuen Landesteilen nicht einführen, so ist man jedoch auch einsichtig genug, zu erkennen, daß eine Reform aus eigener Kraft zu lange Zeit in Anspruch nehmen würde. Für notwendig hält man ein Gesetzbuch »am Lichte der Erkenntnisse des Jahrhunderts entwickelt, folgerecht und rein durchgeführt, in deutscher Sprache abgefaßt, durch Deutlichkeit und Bestimmtheit seiner Aussprüche ausgezeichnet und somit jedem Staatsbürger, dessen Rechte es schützt, und jedem Untertanen leicht faßlich«[8]). Diese Vorzüge glaubt man in der kurz zuvor durch Feuerbach in Bayern durchgeführten Kriminalgesetzgebung zu finden[9]). Ihre Berücksichtigung ist endgültig gesichert, als Schweitzer — damals noch Professor in Jena —, zur wissenschaftlichen Begutachtung aufgefordert, ein bejahendes Zeugnis ablegt. Eine kritiklose Einführung, wie in Oldenburg, wagt man jedoch nicht. Hierzu war das Gesetz zu sehr umstritten. Vielmehr glaubt man, es für die besonderen Verhältnisse des Landes einer Umänderung und Redak-

---

4) Hierüber B. 5366.

5) An die Stelle des ersteren tritt später der Reg.-Rat Peutzer.

6) Gedacht wird vor allem an die Entwürfe Erhards und Tittmanns.

7) Hierzu und zum folgenden B. 2380.

8) Brief an Schweitzer ebenda.

9) Über die Geschichte des Bayr. Strafgesetzbuches — es erschien im Jahre 1813 — sowie über seine Stellung zur Strafgesetzgebung dieser Zeit: v. Wächter a. a. O. 233ff. Eine ganz knappe, aber glänzende Charakteristik findet sich bei v. Wächter, Einleitung S. 152 und Berner, Die Strafgesetzgebung in Deutschland S. 91ff.

tion unterziehen zu müssen. 1817 wird vom Landtag eine besondere Kommission zur Ausarbeitung eines Gesetzentwurfs unter Zugrundelegung des bayerischen Strafgesetzbuches eingesetzt[10]). Der Landtag begrüßt neben der ausdrücklichen Abschaffung der Folter die Durchführung der Tatbestandsmäßigkeit, des Satzes, daß eine Bestrafung nur auf Grund einer gesetzlichen Norm, hier aber auch um so gewisser erfolge, sowie die Milderung seiner etwaigen Härten durch das richterliche Strafzumessungsrecht und nötigenfalls durch die landesherrliche Begnadigungsgewalt. Bald nimmt die Kommission, die ihre besondere Note durch die Mitwirkung des erst kürzlich nach Jena berufenen Professors Martin erhält[11]), ihre Arbeiten, die Prüfung des Feuerbachschen Gesetzes und die Modifikation des Ergebnisses, auf. Doch auch ihre Beratungen ziehen sich durch häufige Inanspruchnahme einzelner Mitglieder über mehrere Jahre hin[12]). Erst 1822 kann der Entwurf des allgemeinen Teils den Mitgliedern der Landesregierungen und einzelnen Juristen zur Stellungnahme überreicht, Anfang 1823 dem Landtag zur weiteren Beratung und Beschlußfassung überwiesen werden[13]). Doch dieser, damit nicht zufrieden, wünscht eine Annäherung der eigenen Strafgesetze an die der Nachbarstaaten und stellt deshalb das Ansinnen, die weitere Reform im Einklang mit den übrigen am Oberappellationsgericht beteiligten Staaten vorzunehmen. Damit bringt er aber die Erneuerung der Strafgesetzgebung für das eigene Land vorzeitig zum Scheitern[14]): Der vorgelegte Entwurf des Allgemeinen Teils wird einem besonderen Landtagsausschuß überwiesen, der jedoch auch auf dem nächsten Landtag, dem letzten vor dem Tode Carl Augusts, über seine Tätigkeit keine Rechenschaft ablegt. Der Entwurf des Besonderen Teils erscheint zu Lebzeiten Carl Augusts überhaupt nicht mehr[15]).

---

[10]) Landt.-Verh. 1817, im Reg.-Blatt 1817, S. 4 und 35ff.

[11]) Neben ihm sind noch Schweitzer, v. Ziegesar und als Vertreter der Regierung der Reg.-Rat v. Gerstenbergk Mitglieder der Kommission.

[12]) Schweitzer wird 1818 sogar von der weiteren Mitarbeit in der Kommission vollkommen befreit.

[13]) Im selben Jahr erscheint auch in Württemberg ein Strafgesetzentwurf, dessen Schicksal dasselbe wie das des Weimarischen ist. 1824 bringt Hessen, 1825 Hannover einen Entwurf heraus, die ebenfalls beide nie geltendes Recht werden (Wächter, Einl. 168, 171, 182).

[14]) Landt.-Verh. 1823, 71ff., 80f. und 1826, IXff.

[15]) Es ist das eine Entwicklung, wie sie sich ähnlich in allen deutschen Staaten, die eine Reform des geltenden Rechtes auf der Grundlage des bayerischen Strafgesetzbuches versuchen, nachweisen läßt. Lediglich in Oldenburg kommt es, wie schon oben erwähnt, und auch nur deswegen, weil sich

Ein Bild der dem Entwurf zugrunde liegenden allgemeinen philosophischen, staats- und strafrechtlichen Grundgedanken zu geben, ist nicht möglich, da die Kommissionsprotokolle[16]) nur die beantragten und die beschlossenen Änderungen, sei es grundlegender, sei es nur redaktioneller Art, überliefern und nur in ganz seltenen Fällen die Begründung einzelner Beratungsgegenstände wiedergeben. Vor allem finden sich keine Berichte über zweifellos erfolgte — man denke an die Teilnahme Martins — Auseinandersetzungen mit den einzelnen die Zeit beherrschenden und der Begründung des Strafrechts wie der Strafe dienenden Theorien, sei es der Feuerbachschen selbst, sei es dem Vergeltungsgedanken Kants oder dem der General- oder Spezialprävention. Lediglich der überwiegende Einfluß Martins ist fast überall erkennbar. Seinen Lehren[17]) verdanken die wenigen grundlegenden Abänderungen ihre Entstehung. Bedeutungsvoll ist es, daß diese in mehreren Fällen den von den Kritikern des Feuerbachschen Werkes erhobenen Anwürfen Rechnung tragen[18]). Die Geringfügigkeit des vorhandenen Materials, der geringe Umfang der geplanten Änderungen gegenüber dem bayrischen Vorbild, welches auch bei den weiteren Änderungsvorschlägen die Grundlage blieb, mögen es rechtfertigen, wenn an dieser Stelle lediglich der grundlegenden Abänderungen, der Auseinandersetzung mit der Kritik des bayerischen Gesetzbuches sowie einiger besonders bemerkenswert erscheinender Punkte Erwähnung getan wird.

Am deutlichsten zeigt sich der Einfluß Martins in den Bestimmungen über die strafrechtliche Zurechnung. Aufgebaut auf der Willensfreiheit des Menschen und damit zugleich auf der Herrschaft der Vernunft über jede Phase seines Handelns folgt begriffsnotwendig ihr gänzlicher oder teilweiser Ausschluß, sobald eine Reihe besonderer Gründe gegeben sind. Der Entwurf nennt eine ganze Reihe derartiger Strafmilderungs- bzw. Strafausschließungsgründe. Neben der Jugend des Täters — das Strafmündigkeitsalter ist auf achtzehn Jahre hinaufgesetzt — werden Betrunkenheit, Schlaf-

dieser Staat mit einer einfachen Übernahme zufrieden gibt, zu einem neuen Gesetz. Im einzelnen v. Wächter a. a. O. 234f.

16) B. 2387.

17) Über sie Martin, Lehrbuch des gemeinen deutschen Strafrechts, Heidelberg 1820.

18) Neben den von einem unbekannten Verfasser stammenden Bemerkungen: Über die Einführung des Bayer. Strafgesetzbuches in Weimar (Neues Archiv 1818, II) bes. der Bericht des Präsidenten der Eisenacher Landesdirektion Schwendler vom 27. Okt. 1817 in B. 2366 und zwei Briefe Mittermaiers aus dem Jahre 1822, die sich abschriftlich in B. 2400 befinden.

trunkenheit, Affekt, ursprüngliche Taubstummheit, ein der strafbaren Handlung zugrunde liegender Befehl, bei Ausländern endlich noch nicht achttägige Anwesenheit im Lande als gesetzliche Milderungsgründe aufgezählt. Mit der Bestrafung derartiger Delinquenten beschäftigen sich teilweise bis ins einzelne gehende Vorschriften. Wird ein gesetzlicher Tatbestand durch ein Kind unter acht Jahren verwirkt, so gilt der Täter als gänzlich entschuldigt. Hinsichtlich der eigentlichen sich mit den beiden Seiten der Schuld, dem Vorsatz und der Fahrlässigkeit, befassenden Bestimmungen ist gegenüber dem bayerischen Gesetzbuch der ausdrückliche Ausschluß der präsumptio doli und die hierdurch bedingte Notwendigkeit eines Beweises des Vorsatzes aus den tatsächlichen Begebenheiten heraus bemerkenswert. Ebenso die Feststellung, daß eine Fahrlässigkeit nur in den vom Gesetz bestimmten Fällen zur Bestrafung führen kann. Ein Kausalzusammenhang wird auch auf Grund einer Unterlassung für möglich erachtet. Während die Begriffe des Urhebers und des Gehilfen im wesentlichen dieselben bleiben, lediglich mit dem Unterschied, daß bei dem letzteren die logische Unmöglichkeit einer fahrlässigen Handlung betont wird, findet die Lehre vom Versuch einen völlig neuen Aufbau: Ganz im Gegensatz zum Feuerbachschen Gesetz kennt der Entwurf eine Dreiteilung in einen entfernten, einen nahen und einen nächsten Versuch. Ersteren beispielsweise schon bei der Annahme eines Eides, letzteren beim Aufheben der Hand, wenn die Vollendung durch äußere, außerhalb der Person des zum Schwur Bereiten liegende Umstände verhindert wird. Ein jeder Versuch und damit auch jegliche Vorbereitungshandlung ist strafbar. Die Strafe ist bei den beiden leichteren Versuchsarten eine verhältnismäßig geringere als bei der Vollendung; der nächste Versuch wird nicht anders als die Vollendung bestraft. Maßgeblich ist hierbei der Gedanke, daß der Delinquent ja alles, was in seiner Macht steht, zur Vollendung des Verbrechens getan und es nicht mehr in seiner Hand gelegen habe, den erstrebten Erfolg zu verhindern. Der Kritik an dem bayerischen Gesetzbuch wird Rechnung getragen, wenn gegenüber den getadelten, oft lediglich zahlenmäßig abgestimmten Rückfallsvorschriften andere Normen aufgestellt werden, wobei die verwirkte Strafe in der höchsten derselben Strafart, beim wiederholten Rückfall in einer Anwendung der nächsthöheren Strafgattung bestehen soll. Hierbei darf jedoch auf Todes- bzw. Kettenstrafe nicht erkannt werden. Der Rückfall selbst ist auch nur bei gleichartigen Delikten möglich, nicht dagegen bei solchen, die sich gegen dasselbe Rechtsgut richten. Eine weitere Beeinflussung durch die Kritik liegt darin, daß die im bayerischen

Strafgesetzbuch aufgestellte Unterscheidung zwischen Verbrechen und Vergehen beseitigt wird. Der Grund dieser Änderung ist die praktische Unbrauchbarkeit des Vergehensbegriffs im Sinne des bayerischen Gesetzes, das ihn teils von der subjektiven Qualität der Handlung, nämlich bloßer Fahrlässigkeit, teils wieder auch von der Geringfügigkeit der angedrohten Strafe abhängig macht[19]). Völlig neu ist der Grundgedanke der Bestimmungen über die Verbrechenskonkurrenz. Der Entwurf stellt es nicht auf die Verschiedenheit des verletzten Rechtsgutes und ebensowenig auf einzelne Zeitabschnitte ab, in denen die Handlungen begangen sind, sondern allein auf die Mehrheit der Vorsätze, die der einzelne Inquisit gehabt und ausgeführt hat. Alle Handlungen, die aus einem einzigen, einheitlichen Vorsatz hervorgehen, fallen unter den Begriff des fortgesetzten Delikts.

Die einzelnen Strafgattungen sind dieselben wie die des Feuerbachschen Vorbildes, und nur in einigen Einzelvorschriften findet sich eine Abweichung. Die Todesstrafe kann sowohl durch das Schwert wie durch den Strang vollstreckt werden. Auch werden noch gewisse Strafschärfungen nach der erfolgten Hinrichtung für zulässig erklärt. Beseitigt sind jedoch die Bestimmungen des bayerischen Gesetzes über die Rechtsfolge des bürgerlichen Todes, deren Aufnahme in jenes Gesetz besonders stark kritisiert worden war. Zuchthaus kann sowohl auf bestimmte wie auf unbestimmte Zeit erkannt werden; dabei steht dem auf unbestimmte Zeit deternierten Züchtling das Recht zu, nach zehnjähriger Gefangenschaft um Begnadigung nachzusuchen. Die Höhe der bestimmten Zuchthausstrafe schwankt zwischen vier und zehn Jahren. Wird auf weniger als vierjährige Freiheitsstrafe erkannt, so erfolgt die Verurteilung zum Arbeitshaus. In allen Fällen der Zucht- und Arbeitshausstrafe kann auch auf Festung erkannt werden. Ob diese am Platze ist, richtet sich lediglich nach den bisherigen Verhältnissen des Inquisiten. Besonders bemerkenswert ist es, daß Halseisen und Vermögenskonfiskation wegfallen, die aber schon damals fast allgemein abgelehnte Prügelstrafe beibehalten wird.

---

19) Ursprünglich standen im Entwurf auch Bestimmungen für den Fall der Nichterstattung einer Anzeige bei Kenntnis des geplanten Verbrechens; entgegen der von der Kritik befehdeten Vorschrift des bayerischen Strafgesetzbuches wurde von einer gesetzlichen Festlegung einer Anzeigepflicht ganz abgesehen, eine Bestrafung der Nichtanzeige nur bei den Delikten, die sich unmittelbar gegen den Staat richten, sowie bei Mord, Brandstiftung und Veranstaltung einer Überschwemmung in Aussicht gestellt. Vor der endgültigen Veröffentlichung des Entwurfs wurden diese Vorschriften jedoch zusammen mit denen über die Begünstigung dem Besonderen Teil überwiesen.

Weist der Entwurf somit bemerkenswerte Verbesserungen auf, so gleicht er doch im ganzen seinem großen Vorbild. Auch gegen ihn hätten sich bei einer gesetzlichen Einführung die gleichen Bedenken eines allzu doktrinären Aufbaus und dadurch bedingter praktischer Unbrauchbarkeit geltend gemacht.

Als mittelbare Folge zieht die Nichtvollendung der Gesamtreform des materiellen Rechts zugleich die Ergebnislosigkeit aller Versuche einer Einzelreform nach sich. Wohl finden solche Versuche statt. Die Verzögerung der Strafgesetzkommissionsberatungen bewirkt zunächst eine Wiederaufnahme jener geplanten Änderung des Gaunermandates und damit der Strafbestimmungen gegenüber den Eigentumsverbrechern[20]. Als unanwendbar zeigt sich die gesetzlich noch immer bestehende zahlenmäßig bestimmte Grenze zwischen dem großen und dem kleinen Diebstahl und die im Gaunermandat angedrohte Bestrafung einer jeden Entwendung über den Betrag von 15 Talern 8 Groschen hinaus mit dem Tod. Hinzu kommen die Zweifel an der rechtlichen Bedeutung der gesetzlich vorgeschriebenen, periodisch zu wiederholenden Vorlesung und der praktischen Nichtbefolgung dieser Bestimmung für die Gültigkeit des ganzen Gesetzes. Endlich sind gerade auf diesem Gebiet in den alten wie in den neuen Landesteilen besonders viele, aber nur in den seltensten Fällen übereinstimmende Vorschriften erlassen, die zumeist den Anforderungen der Zeit nicht mehr entsprechen und der alsbaldigen Beseitigung oder Vereinheitlichung bedürfen. Es werden auch Begutachtungen und Stellungnahmen von den beiden Landesregierungen sowie von dem Oberappellationsgericht eingefordert. Man glaubt jedoch die Strafbestimmungen gegen die Eigentumsverbrechen erst bei Einführung neuer gesetzlicher Normen durchführen zu können. Diese glaubt man wieder nur innerhalb der Gesamtreform des materiellen Rechts gestalten zu dürfen. Lediglich zu einer Klärung der Frage der rechtlichen Bedeutung der Verlesung gewisser Gesetzesvorschriften kommt es. Mit Rücksicht auf den Gerichtsgebrauch kann si enur dahin lauten, daß die Vorlesung nur an die Gesetze erinnern solle, daß sie die Gültigkeit des Mandats jedoch nicht berühre[21].

Völlig gleichartig ist die Entwicklung auf dem Gebiete der Strafbestimmungen gegenüber den fleischlichen Vergehen[22]: Schon 1816 schlägt die Weimarer Regierung die Einführung der altweima-

---

[20]) B. 2371a, B. 2392, Landt.-Verh. 1821, S. 30, 385 u. 1823, S. 240.

[21]) Gesetz v. 14. Mai 1821 (Reg.-Blatt 1821, S. 537 u. v. Göckel II, 2. 856); Landt.-Verh. 1821, S. 29, 42, 306.

[22]) B. 2344, B. 2401a, u. B. 3672b.

rischen Gesetze, vorzüglich auch des Mandates aus dem Jahre 1786 sowie seiner Erläuterungen[23]) in den neuen Landesteilen vor. Im April stellt ein auf dasselbe Ziel gerichteter Antrag der Eisenacher Regierung die gleiche Frage noch einmal zur Debatte. Auch hier unterbricht der Auftrag zur Gesamtreform die Vorarbeiten und lähmt die weitere Entwicklung. 1823 nimmt endlich der Landtag die Bestrebungen wieder auf[24]): Der Verschiedenheit der gesetzlichen Bestimmungen wegen hält er es für notwendig und erwünscht, wenigstens im Neustädter Kreis die sachsen-weimarischen Gesetzesbestimmungen als geltendes Recht einzuführen. Aber auch dieses Mal bleibt die Anregung ohne Erfolg: Das Ministerium trägt Bedenken, ohne volle Gleichheit zu schaffen, eine Änderung vorzunehmen, die vielleicht schon innerhalb der nächsten drei Jahre einer erneuten unterzogen werden müsse.

Die Wirkung des Fehlschlages sämtlicher Reformbestrebungen auf dem Gebiete des materiellen Rechts, sei es der Gesamt-, sei es der Einzelreform, ist, daß noch weit über die Regierungszeit Carl Augusts hinaus die strafrechtlichen Bestimmungen der Landesordnung ebenso wie die peinliche Halsgerichtsordnung Kaiser Karls V. zusammen mit den erwähnten Einzelgesetzen und Mandaten die Grundlage des geltenden Rechts bilden. Lediglich eine vereinzelte Abänderung wird noch 1828 vorgenommen: Die der Stuprata, welche den Schwängerer verschweigt, angedrohte vierwöchige Zuchthausstrafe wird in eine gleichlange Gefängnisstrafe verwandelt[25]). Um aber doch jenen leitenden Grundgedanken, der zu dem Versuch einer Gesamtreform führte, durchzuführen, um eine feste, sichere und unparteiische Justiz gewährleisten zu können, wird von Carl August und den leitenden Ministern den Landesregierungen gegenüber immer wieder der Ansicht Raum gegeben, daß die bestehenden Gesetze, solange sie noch nicht beseitigt seien, auch wirklich angewendet werden müßten, daß es dem Gericht nicht gestattet sei, sich über das Gesetz zu stellen, und es allein dem Begnadigungsrecht überlassen bleiben dürfe, Härten zu mildern oder zu beseitigen[26]). Aus dem gleichen Gedanken wird schon 1812 angeordnet, in allen Fällen, in welchen ein Spruchkollegium ohne hinlänglichen Grund von der gesetzlichen Strafe abweicht, die Akten an den Lan-

---

[23]) Oben S. 41ff.

[24]) Landt.-Verh. 1823, 22f., 176, 500.

[25]) B. 2401a.

[26]) Z. B. B. 2371a (1812), B. 2856 (1818), B. 2863 (1822) sowie das Dekret: die Aufhebung der Folter betreffend vom 23. Nov. 1818 (Landt.-Verh. 1817/1819, S. 287ff.).

desherrn einzusenden[27]). Gleiches gilt, wenn 1818 ausdrücklich gegen die bei den Regierungen eingerissene Observanz[28]), bei einfachem Diebstahl ohne Rücksicht auf den Wert des gestohlenen Gutes und die Zahl der begangenen Diebstähle nicht mehr auf Todesstrafe zu erkennen, vorgegangen wird. Hiermit hängt es aber auch zusammen, daß in der Praxis der Gerichte noch Strafarten angewandt werden, die eine vom Geist der Zeit getragene Gesetzgebung nicht mehr geduldet hätte. Die Todesstrafe wird weiterhin nicht nur durch das Schwert, sondern auch mittels des Stranges vollzogen, ja 1818 wird sogar noch der Körper eines durch das Schwert hingerichteten Raubmörders auf das Rad geflochten[29]). Auch ergibt sich aus den Untersuchungsakten die weitere Anwendung der Prügelstrafe[30]).

Die Nichtvollendung der Reform der gesamten Strafgesetzgebung und die dadurch bedingte weitere Geltung der peinlichen Halsgerichtsordnung läßt auch auf dem Gebiete des formellen Rechts alle strafprozessualen gesetzlichen Bestimmungen bestehen, soweit nicht schon bei der Reorganisation des Gerichtswesens vereinzelte Änderungen getroffen sind. Wohl sollte bei den Beratungen der Strafgesetzkommission auf die Forderung der Zeit nach Einführung der Geschworenengerichte, sowie der Öffentlichkeit und Mündlichkeit des Verfahrens eingegangen werden. Als im Jahre 1818 der Entwurf eines neuen Strafgesetzes noch nicht vorgelegt werden kann, wird sogar die Verzögerung ausdrücklich damit begründet, daß sie durch die angekündigten Untersuchungen über die Einführung von Geschworenengerichten und das öffentliche Verfahren bedingt sei und ein Abwarten ihrer Veröffentlichung die Verlängerung geradezu erwünscht mache[31]).

Nur eine Reform, für manche Landesteile rein formaler Art, glaubt man nicht mit dem endlichen, immerhin ungewissem Erfolg der Gesamtreorganisation verketten zu dürfen: Es ist die Beseitigung der gesetzlich noch immer zulässigen Folter. Sie ist zwar praktisch schon längst nicht mehr zur Anwendung gekommen. In den Stammlanden schon seit den geheimen Instruktionen des Jahres 1783 nicht mehr. Jedoch rein äußerlich und in einzelnen neuen Lan-

---

27) B. 2367.

28) B. 2392.

29) B. 2854.

30) Eisenacher Archiv, ungeordn. Rechtssachen, Abt. Strafrecht: Akte gegen Valentin Schüßler 1825.

31) Denkschrift an den Landtag vom 23. Nov. 1818 in B. 2387a; diese Akte sowie Hartung a. a. O. 378f. s. zur folgenden Darstellung.

desteilen auch tatsächlich gilt sie noch immer als Mittel zur Eruierung der Wahrheit und zur Überführung des Inkulpaten. Eine beim Oberappellationsgericht 1817 anhängige Untersuchungssache veranlaßt eine erneute Stellungnahme. Ein Fall, bei dem weder ein Geständnis vorliegt, noch auch der Zeugenbeweis voll und ganz gelungen ist, bei dem indessen erhebliche Umstände für die Täterschaft des Verdächtigten sprechen. Das Gericht hält die Anwendung der Tortur oder auch nur ihre Androhung für bedenklich, rechtliche und rechtspolitische Gründe ständen ihr entgegen. Jedoch wagt es der höchste Gerichtshof nicht, sich über bestehende Gesetzesvorschriften einfach hinwegzusetzen und bittet deshalb um eine gesetzliche Regelung, um die Abschaffung der Folter und die gleichzeitige Einführung des Indizienbeweises als gültigen Beweismittels.

Die Anregung des Oberappellationsgerichts ist von Erfolg begleitet: Es wird ein Gesetzentwurf, aufgebaut auf dem den gleichen Fragenkomplex regelnden bayerischen Edikt vom 7. Juli 1806, ausgearbeitet, der schon 1818 dem Landtag zur Beratung vorgelegt werden kann. Man weiß kein besseres Geleit für ihn, als auf jene Gründe[32]) zu verweisen, die Feuerbach dem bayrischen Gesetz voranschickte — ein Beweis, wie weit Feuerbachsche Ideen und Gedankengänge in Deutschland auch außerhalb seines eigentlichen Wirkungskreises verbreitet sind, und welche Überzeugungskraft man ihnen beimißt. Auf die Ungerechtigkeit der Folter, auf ihren inneren Widerspruch, auf ihren Widerstreit mit der Freiheit des einzelnen, mit der Menschlichkeit und Billigkeit, sowie auf das Vorbild anderer deutscher und europäischer Staaten, das zeigt, daß sie ohne Gefahr für die Sicherheit des Staates und des einzelnen Bewohners abgeschafft werden kann[33]), beruft man sich auch jetzt in Sachsen-Weimar-Eisenach. Und nicht genug damit, auch die Notwendigkeit einer Teilreform wird wörtlich mit jenen Eingangsworten in der Themis begründet: »Veränderungen in der Gesetzgebung, welche bloß durch ihre Nützlichkeit empfohlen sind, mag der Staat nach den Umständen auf Zeit und Gelegenheit verschieben. Wenn aber in dem Staat ein entscheidendes Übel besteht, wenn dieses Übel ein allgemein anerkanntes Unrecht ist, wenn dieses Unrecht den Altar der Gerechtigkeit befleckt, wenn solches Unrecht nicht einmal als Mittel zu verständigen Absichten tauglich, sondern seinen eigenen Zwecken widersprechend ist:

[32]) Themis, 239ff. und B. 2387a.

[33]) Im einzelnen: s. die Angaben oben S. 47f. u. Anm. 75.

dann ist kein Aufschub zu rechtfertigen, jeder Tag mahnt an die große Schuld, welche der Gerechtigkeit bezahlt werden soll...... Warum sollte nicht einstweilen durch Verbesserung einzelner anerkannter Justizgebrechen einer allgemeinen Reform der Weg gebahnt werden dürfen? Ein allmählicher Übergang von dem alten zum neuen ist in Staatssachen weit rätlicher, als ein Sprung, der immer nicht nur beschwerlich, sondern auch unsicher, wohl gar in mancher Rücksicht gefährlich ist[34]).«

Am 7. Mai 1819 tritt das Gesetz »die Ungehorsamsstrafen und den Anzeigenbeweis in Kriminalsachen betreffend« in Kraft. Im engen Zusammenhang mit diesem den eigentlichen Gegenstand nicht kennzeichnenden Titel steht es, wenn das Gesetz nicht auf dem gewohnten Wege der Öffentlichkeit übergeben, sondern lediglich den Gerichtsbehörden mitgeteilt wird. Die Furcht, es könne in dem neuen Gesetz eine Einschränkung der Stellung des Richters gesehen werden, und der Angeschuldigte die ihm gewährte Rechtsstellung mißbrauchen, lassen eine Veröffentlichung im Regierungsblatt als unratsam erscheinen[35]).

Verboten ist nunmehr die Anwendung der Folter. Aufgehoben ist jede Tortur, wie überhaupt »jede Zufügung irgend eines Übels und jede Bedrohung mit solcher, wenn dadurch ein bestimmtes Geständnis erpreßt werden soll«. Lediglich Ungehorsamsstrafen dürfen angewendet werden, und auch diese nur in wenigen vom Gesetz vorgesehenen Fällen. Sie sind zulässig bei ungebührlichem Betragen, bei Verweigerung oder Unbestimmtheit der Antwort, endlich bei Widersprüchen und bestehen in Gefängnis von wenigen Tagen oder in einer Züchtigung, die aber ein vorheriges ärztliches Gutachten erfordert[36]). Ausdrücklich bestimmt jedoch das Gesetz, daß während dieser Strafzeit keine Fragen an den Inkulpaten gestellt werden dürfen, selbst das freiwillig Gesagte ist für das wei-

---

[34]) Themis, 240f., Landt.-Verh. 1817/1819, 287ff. und B. 2387a.

[35]) Das Gesetz befindet sich vollständig in B. 2387a und bei v. Göckel II[1], 554ff. Die Verkündung des Gesetzes gibt zugleich den Anlaß, Carl August an die Verdienste Feuerbach's um die Weimarische Strafgesetzgebung zu erinnern. Noch im selben Monat zeichnet er Feuerbach, »dessen scharfsinnige Arbeiten im Fach des Kriminalrechts bei der hiesigen Gesetzgebung so vielfach benutzt wurden, als Beweis des allerhöchsten Anerkenntnisses der Verdienste dieses Gelehrten, der in früherer Zeit eine Zierde der Akademie Jena gewesen«, mit dem Sachsen-Weimarischen Falkenorden aus: Präsidium Abt. VII, Nr. 2 Vol. III.

[36]) Derartige Ungehorsamstrafen wurden in Preußen 1799 gesetzlich wieder zugelassen, ihre Anwendungsfälle sind hier wie dort die gleichen. Über die Auswüchse der Ungehorsamstrafen in Preußen: v. Arnim a. a. O. Teil I, 34ff.

tere Verfahren null und nichtig. Die angeordneten Strafen sind zu protokollieren, und Verstöße seitens des die Untersuchung führenden Beamten und der Gefängniswärter werden mit Geldstrafen, im Wiederholungsfalle sogar mit Gefängnis, zeitweiser oder auch gänzlicher Amtsentsetzung bedroht.

Aufgehoben ist auch jene höchste Beweisregel der peinlichen Halsgerichtsordnung; nicht mehr ist jetzt das Geständnis oder das Vorhandensein zweier Augenzeugen notwendige Voraussetzung einer Verurteilung. Bloße Indizien genügen zur Überführung des Angeschuldigten. Die Indizien sind genau bestimmt, das Gesetz kennt vorausgehende, gleichzeitige und nachfolgende. Die nicht unmittelbar mit der Tat in Beziehung stehenden »Anzeigungen« genügen nicht zur Überführung, wohl aber können sie einen rechtlich schon begründeten Verdacht verstärken: Der Verdacht vergrößert sich, sobald mehrere Indizien zusammentreffen, er vermindert sich, wenn die Verdachtsgründe sich widersprechen. Vollwirksam sind die »Anzeigungen« nur dann, wenn sie »vollkommenen Beweis« führen, nicht dagegen, wenn nur ein »entfernter« oder auch »dringender Verdacht« vorliegt. Ersterer ist dann gegeben, wenn der Indizienbeweis »volle richterliche Überzeugung« bewirkt hat, d. h. wenn zwischen den einzelnen Indizien eine derartige Übereinstimmung herrscht, daß der Schluß auf die Tat zwingend ist. In diesem Fall kann auf jede Strafe erkannt werden. Nur die Todesstrafe ist ausgenommen, an ihre Stelle tritt lebenslängliches Zuchthaus. Jedoch ist es erforderlich, daß bei der Abstimmung mindestens vier Mitglieder anwesend sind und die Zahl der verurteilenden Stimmen die übrigen um mindestens das Doppelte übersteigt. Liegt nur ein dringender oder entfernter Verdacht vor, so ist dem Angeschuldigten der Reinigungseid aufzuerlegen oder aber das Verfahren einzustellen. Geschieht das letztere, so muß der Angeschuldigte durch Bürgen oder gerichtliche Verpfändungen dafür Gewähr leisten, daß er seinen Wohnbezirk nicht ohne Erlaubnis verläßt und sich auf Erfordern des Gerichts jederzeit wieder stellt. Ist ihm die Leistung einer Sicherheit nicht möglich, so tritt Polizeiaufsicht an ihre Stelle und bei schweren Strafdrohungen sogar die Unterbringung im Arbeitshaus. Die Polizeiaufsicht besteht in einer Überwachung des ganzen Lebenswandels, der Wohnung und des Erwerbs durch die örtliche Behörde und erstreckt sich auf zwei bis vier Jahre. Jene muß dem Kriminalgericht alljährlich Bericht erstatten. Eine Verlängerung der Aufsicht kann angeordnet werden. Diese Maßnahmen treffen jedoch nur Inländer, Angehörige fremder Staaten sollen nach Möglichkeit über die Landesgrenzen abgeschoben werden.

Die Beibehaltung des Reinigungseides für die Fälle des entfernten und dringenden Verdachts geht nicht ohne Kampf ab: Der Landtag äußert bei der Beratung des Entwurfs erhebliche Bedenken gegen den weiteren Gebrauch des Reinigungseides überhaupt. Allerhöchstens könne der Reinigungseid bei solchen Tatbeständen zur Anwendung kommen, die nur mit einer Gefängnisstrafe bedroht seien oder bei deren Verwirkung lediglich auf eine derartige Strafe erkannt werde. Doch die Mitglieder der Weimarer Regierung stimmen beinahe einmütig für die weitere Beibehaltung. Die Beseitigung des Reinigungseides bedeutet in ihren Augen nichts anderes, als ein Verzicht auf jeden Glauben an Religion und Moral. Aus dieser Anschauung heraus ist es auch zu erklären, wenn in der Folgezeit eine gesetzliche Beseitigung dieses nicht mehr zeitgemäßen Rechtsbehelfs nie erwähnt wird[37]).

VIII. Kapitel.

Die Reorganisation der Strafanstalten und des Strafvollzugs[1]).

Am erfolgreichsten gestaltet sich die Reorganisation des Strafvollzugs. Muß bei der Reform der Gerichtsverfassung die Durchführung der großen Zeitgedanken zum Teil noch zurückgestellt werden, führen auf dem Gebiet des materiellen und formellen Rechts die Arbeiten der Strafgesetzkommission überhaupt zu keinem positiven Ergebnis, so ist die Erneuerung der Strafanstalten, ihrer äußeren wie inneren Einrichtung, von Erfolg gekrönt.

Während die Untersuchungsgefängnisse 1810 bzw. 1812 und später bei der Gebietserweiterung durch die Errichtung besonderer Kriminalgerichtsgefängnisse bei den einzelnen neu errichteten Kriminalgerichten eine wertvolle und mit der Zeit immer bedeutender werdende Bereicherung erhalten — die nicht staatlichen Gerichtsgefängnisse verlieren fast jede Bedeutung — steht im Mittelpunkt der Reform der beiden Zucht- und Besserungsanstalten noch lange immer wieder die Raumbeschaffungsfrage: Die Fremdherrschaft, die Errichtung zunächst des Weimarer und zwei Jahre später dann des Eisenacher Kriminalgerichts erhöhen von Jahr zu Jahr die Zahl der Zuchthausinsassen und machen jene Frage immer brennender. Zunächst sucht man jedoch eine Lösung zu umgehen:

---

37) B. 2387a.

1) Benutzt wurden bes. B. 2366, B. 2395b, B. 2401, B. 2404a, B. 2405 und B. 2413, ferner B. 2365c, d, B. 2377a, B. 2380b und die Landtagsverhandlungen bis zum Jahre 1826. Ganz kurz auch Hartung a. a. O. 379.

Um einer völligen Überfüllung vorzubeugen und um nicht eines Tages in die Lage zu kommen, weitere Aufnahmen ablehnen zu müssen, wird der Gedanke erwogen[2]), eine Anzahl der rüstigsten Gefangenen durch die Vermittlung des französischen Gesandten in Erfurt zu deportieren und damit einen Weg zu gehen, auf dem sich vor allem die Hansestädte ihrer Verbrecher entledigten. Doch die Regierung bezweifelt die Zweckmäßigkeit einer derartigen Maßnahme und schlägt statt dessen die vorzeitige Entlassung einer Reihe von Züchtlingen, die nur noch eine kurze Strafzeit abzusitzen haben, unter Verabreichung einer Anzahl von Peitschenhieben vor. Die Ansicht der Regierung dringt durch, und Anfang Februar 1811 werden nicht weniger als 11 Delinquenten unter Zuerteilung von je 6 Peitschenhieben vorzeitig aus dem Weimarer Zuchthaus entlassen. Gleichzeitig werden auch zur weiteren Entlastung sämtliche aus dem Amt Großrudestedt stammenden Verbrecher, deren Zahl sich im bedeutenden Maße gesteigert hatte, an die Eisenacher Anstalt abgegeben[3]).

Immer mehr setzt sich jedoch zu gleicher Zeit die Überzeugung von der völligen Unzulänglichkeit der beiden Zuchthäuser durch. Man erkennt die dringende Notwendigkeit, hier eine Reform durchzuführen, wobei immer wieder der Gedanke, daß eine Sonderung der gröberen von den geringeren Verbrechern schlechterdings nötig sei, leitend erscheint[4]). Es werden die verschiedensten Vorschläge gemacht, vor allem der einer völligen Verlegung. Man denkt dabei besonders an das Dornburger Schloß, da dieses sämtlichen Anforderungen genügt, die man an ein zweckentsprechendes Zuchthaus stellen zu müssen glaubt, eine gesunde, von anderen menschlichen Wohnungen abgeschiedene Lage, geräumige Säle und feste undurchdringliche Mauern. Oder man schlägt vor, die beiden Zuchthäuser mit dem Arbeitshaus in Jena in Verbindung zu setzen, die eine Anstalt als Unterbringungsort für die gröberen Züchtlinge zu benutzen, in der anderen dagegen die leichteren und im Arbeitshaus die Arbeitsscheuen, Liederlichen und Gebrechlichen unterzubringen. Schon die Baufälligkeit und Unvollkommenheit der Gebäude, auch der Arbeitsmangel in den einzelnen Anstalten erschwert die Ausführung dieses Planes. Und als Carl August das Dornburger Schloß zur Verfügung stellt, findet jener Vorschlag den Vorzug. Zugrundegelegt werden die Sonderung der männlichen und weiblichen In-

---

[2]) B. 2365c.
[3]) B. 2365d.
[4]) Hierzu und zum folgenden B. 2366.

sassen, die Möglichkeit einer Graduation vorzüglich bei der Arbeit, möglichst isolierte Beschäftigung der schweren und leichten Verbrecher und möglichst getrennte Schlafräume. Dadurch hofft man ein Komplott unmöglich zu machen. Doch auch dieser Plan wird nicht verwirklicht. Seine Ausführung wird zwar genehmigt, aber sie wird verhindert durch den Ausbruch der Freiheitskriege; sie muß »wegen der drangvollen damaligen Periode bis auf bessere Zeiten ausgesetzt werden«[5]).

Die weitere Entwicklung steht im engsten Zusammenhang mit dem Auftrag der Strafgesetzkommission und der anbefohlenen Zugrundelegung des Bayrischen Strafgesetzbuches sowie der hierdurch bedingten Neueinführung der Strafarbeitshausstrafe und der mehr oder weniger großen Änderung der Zuchthausstrafe, sei es in ihrer Anwendung, sei es in der Art der Verwahrung oder Behandlung der Sträflinge. Jene Verzögerungen ziehen auch die Reform der Zucht- und Besserungsanstalten in unmittelbare Mitleidenschaft. Jedoch können sie die endgültige Verwirklichung einer Erneuerung nicht hindern, da die Verhältnisse eine immer weitere Zurückstellung unmöglich machen, vielmehr die Reform und ihre Durchführung dringend erheischen: Der im Jahre 1816 eintretende Gebietszuwachs zieht als baldige Folge die völlige Überfüllung beider Strafanstalten, die schon vorher kaum die Verbrecher der alten Lande fassen konnten, nach sich. Während die letzte Monatstabelle aus dem Jahre 1815 noch eine Besetzung des Weimarer Zuchthauses mit 35 Köpfen ausweist, sind im März 1816 schon 76, im Dezember sogar 84 Verbrecher unterzubringen. 1817 steigt die Zahl der Züchtlinge auf über 100, und die Überfüllung geht soweit, daß die zur Zuchthausstrafe Verurteilten im Untersuchungsgefängnis — Kriminalgerichtsgefängnis — bleiben müssen[6]). Die weitere Folge ist die Vernachlässigung aller derjenigen Personen, für deren Verwahrung die Zuchthäuser mitbestimmt sind. Sie müssen abgewiesen werden. Die schon Aufgenommenen sind die ersten, deren man sich entledigen zu können glaubt, und sie alle fallen nunmehr erst recht der Öffentlichkeit zur Last. Eine vorläufige Erleichterung sucht man durch weitere vorzeitige Entlassungen zu schaffen, doch sieht man bald ein, daß dieses Mittel auf Kosten der Strafwirkung angewendet wird[7]). Ja das Zuchthaus hat schon soweit an Geltung verloren, daß manche es, zumal bei der

---

[5]) B. 2380b.
[6]) B. 2377a.
[7]) Ebenda.

durch den Krieg verursachten Teuerung, für ein wohltätiges Institut halten und ihre »sonstige kümmerliche Existenz nicht ungern mit dem Zuchthaus vertauschen«[8]). Die Überfüllung macht die Beschäftigung eines großen Teils der Sträflinge unmöglich. Sie erschwert die Bewachung und begünstigt die Fluchtmöglichkeiten. Die Zusammenpferchung in unzulänglichen Räumen gefährdet die Gesundheit und die Sicherheit der Gefangenen auf das Höchste, und der eigentliche Zweck der Detention kann kaum noch erreicht werden.

Diese unhaltbaren Verhältnisse erzwingen die alsbaldige Reorganisation. Jener Dornburger Plan kann nicht wiederaufgenommen werden, da die dortigen Räumlichkeiten bei dem vergrößerten Staatsgebiet nicht mehr ausreichen. Man zieht jetzt das Blankenhainer Schloß vor, da dieses bei weitem größer und geräumiger ist, jede Trennung und Graduation ermöglicht und zudem alle Vorteile des Dornburger Gebäudes in sich vereinigt. Zu gleicher Zeit wird angeordnet, daß das alte Eisenacher Zucht- und Waisenhaus, das zwar auch baufällig, aber doch in seiner ganzen Anlage weit besser geeignet ist als die Weimarer Anstalt, als weitere Strafanstalt ausgebaut werde. Jenes soll Zuchthaus werden, dieses Strafarbeitshaus im Sinne des Bayrischen Strafgesetzes. Jenes soll die schweren, dieses die leichteren Verbrecher aufnehmen. Um die Trennung ganz durchführen zu können, sollen die Arbeitsscheuen und Landstreicher sowie sämtliche bisher von der Polizei in die Zuchthäuser eingelieferten Personen zur Besserung und zur Gewöhnung an Arbeitsamkeit in das freiwerdende Weimarer Zuchthausgebäude gebracht werden. Dieses soll nur noch Polizeianstalt sein und damit eine Lücke ausfüllen, die man schon lange als drückend empfunden hatte.

Bei der Ausführung dieses Planes hätte man den Forderungen des Bayrischen Strafgesetzbuches Genüge geleistet. Jedoch nimmt der Landtag, dem diese Pläne 1817 vorgelegt werden, gegen sie Stellung: Wohl verkennt er nicht den Nutzen einer Trennung in Zuchthaus und Strafarbeitshäuser. Sie sei durchaus zu begrüßen und entspreche auch den Grundsätzen des Bayrischen Strafgesetzbuches. Jedoch spricht sich der Landtag gegen eine Umwandlung des Blankenhainer Schlosses zum Zuchthaus aus, vielmehr will er das Weimarer Gebäude für die schweren Verbrecher beibehalten. Ausschlaggebend sind bei dieser Stellungnahme vor allem die hohen Kosten, die für die Einrichtung und Umänderung des Blanken-

[8]) Ebenda, Ber. v. 26. Nov. 1816.

hainer Gebäudes angefordert werden. Eine besondere Anstalt für Polizeiverbrecher hält er überhaupt nicht für angebracht[9]).

Mit dieser durch die ablehnende Haltung der Landstände bedingten Regelung sind die Mängel der Strafanstalten jedoch keineswegs behoben. Zwar wird der Ausbau der Eisenacher Anstalt zu einer Strafarbeitsanstalt fortgesetzt. Die Absicht jedoch, die dem dem Landtag vorgelegten Plan zugrunde lag, ist nicht verwirklicht. Der Zweck der Detention, die Besserung der Insassen, wird durch die auch weiterhin dauernde Überfüllung, durch die dadurch bewirkte Unmöglichkeit einer Trennung und Absonderung oder einer Graduation vereitelt. Die Berichte dieser Zeit zeigen, daß auch jetzt noch die minder schwer Bestraften durch das Zusammensein mit den schweren Verbrechern verdorben werden und nicht selten die Anstalt als wirkliche Verbrecher verlassen. Hinzu kommt, daß die oft umständlichen Transporte der Sträflinge an die Anstaltsorte häufig in gar keinem Verhältnis zu der Höhe der zu vollstreckenden Strafe stehen. Indessen, als am Ende des nächsten Jahres abermals die Einrichtung des Blankenhainer Schlosses als eigentliches Zuchthaus beantragt wird, scheitert dieser Plan wiederum an dem Widerspruch des Landtages, der nur der dringendsten Notwendigkeit seinen Standpunkt opfern will. Wieder liegt der Grund der Ablehnung lediglich in der Kostenfrage[10]). Bei dieser Stellungnahme des Landtages bleibt nichts anderes übrig, als die Zeit für eine weitere Reorganisation werben zu lassen. Vorerst wird nur das Verhältnis zwischen den beiden Anstalten dahin geregelt, daß das Weimarer Zuchthaus für die zu mehr als dreijähriger Zuchthausstrafe Verurteilten bestimmt wird, dagegen in dem Eisenacher Gebäude die übrigen Strafen vollzogen werden sollen[11]).

Weniger bei der Eisenacher Anstalt — wenn auch hier der Umbau lediglich eine Erweiterung und zweckmäßigere Einrichtung bringt — als bei dem Weimarer Zuchthaus zeigt sich die Unzulänglichkeit dieser Regelung. Die Trennung von leichten und schweren Verbrechern bringt nicht die erwünschte Erleichterung. Weit über 50 Köpfe bleiben die durchschnittliche Besetzung und machen die erwünschte und erhoffte Trennung unmöglich[12]). Es fehlt an Platz zur Beschäftigung im Innern der Anstalt, und die Sträflinge müssen vorwiegend mit Außenarbeit beschäftigt werden, wodurch sie immer

---

9) Erklärungsschrift vom 14. 3. 1817 in B. 2366.

10) Hierzu Landtagsverhandlungen 1817/1819, S. 136, 146ff.

11) B. 2395, sie liegt auch dem folgenden zugrunde.

12) Ende Mai 1820 befinden sich in dem Weimarer Gebäude schon wieder 61, in Eisenach dagegen nur 39 Züchtlinge.

wieder mit dem Publikum in Berührung kommen und die Wirkung der Strafe vermindert wird. Das Gebäude ist von Jahr zu Jahr baufälliger geworden. Es bietet keine Gewähr für eine sichere Verwahrung der Sträflinge und ist zudem zur Aufnahme einer so großen Zahl völlig untauglich. Hinzu kommt, daß sich die immer noch bestehende gemeinschaftliche Unterbringung der Züchtlinge und der von den Polizeibehörden eingelieferten Personen außerordentlich ungünstig auswirkt. So zeigt sich die unbedingte Notwendigkeit eines neuen Zuchthauses. 1821 endlich kann sich ihr auch der Landtag nicht mehr verschließen. Jedoch glaubt er auch jetzt noch einen Neubau dadurch vermeiden zu können, daß er vorschlägt, im Weimarer Zuchthaus nur noch die ganz schweren Züchtlinge, in der Eisenacher Anstalt aber alle übrigen Sträflinge unterzubringen und die freiwerdenden Teile für die Polizeisträflinge zu verwenden[13]). Dieses Vorschlags ungeachtet, wird doch ein vollständiger Um- und Neubau des Weimarer Zuchthauses vorgenommen, wobei besonders Rücksicht auf eine Trennung der Männer von den Weibern und die Sonderung der Kettensträflinge von den übrigen in bezug auf die Arbeits- wie auf die Schlafräume genommen wird. 1822 werden die ersten Bauarbeiten unternommen. Um die Wende des Jahres 1823/1824 können die Sträflinge, die in der Zwischenzeit in der Eisenacher Anstalt untergebracht waren, das neue Gebäude beziehen[14]). Die innere Einrichtung entspricht den immer wieder an sie gestellten Forderungen: Die männlichen und die weiblichen Insassen sind streng voneinander getrennt. Eine Graduation ist dadurch durchgeführt, daß die Lebenslänglichen in auseinanderliegenden Räumen untergebracht sind, besondere Schlaf- und Arbeitssäle erhalten und getrennt beschäftigt werden. Durch das Abreißen eines Nachbargebäudes hat man Luft und Sonne Zugang verschafft und damit Seuchen und Gesundheitsgefahren zum größten Teil beseitigt. Der vergrößerte Hofraum gestattet weitestgehende Innenarbeit, die zudem noch gefördert wird durch die Neuerrichtung einer besonderen Holzspaltanstalt für alle diejenigen, die keine besonderen Fertigkeiten besitzen.

Gleichzeitig mit dieser Reorganisation der eigentlichen Strafanstalten werden für die bisher von den Polizeibehörden den Zuchthäusern überwiesenen Personen besondere Zwangsarbeitsanstalten geschaffen: Immer wieder hatten vereinzelte Behörden und das Ministerium auf die Notwendigkeit der Trennung der Land-

---

[13]) Landtagsverhandlungen 1821, S. 183ff., 189ff., 205ff.

[14]) B. 2401.

streicher und Vagabunden, der Arbeitsscheuen und Dirnen von den eigentlichen Züchtlingen hingewiesen, in der Erkenntnis, daß sie nur durch den Aufenthalt in Zucht- und Besserungsanstalten verschlechtert, womöglich zu Verbrechern erzogen würden, zudem aber bei der Besserung der Verbrecher nur hinderlich seien[15]. Der Notwendigkeit besonderer Anstalten für sie verschloß sich der Landtag noch mehr als der Errichtung eines neuen Zuchthauses. Noch 1821 bittet er von der Errichtung besonderer Anstalten für diesen Zweck abzusehen[16].

Dieser ablehnenden Haltung ungeachtet, wird die Anregung doch weiter verfolgt, und günstige Umstände führen zu ihrer Ausführung. Schon 1810 hatten die Eisenachischen Stände eine bestimmte Summe für ein Armen-Arbeitshaus bewilligt und 1813 nochmals die jährliche Auszahlung einer gleichen Summe »zum Behuf einer zu errichtenden freiwilligen und Zwangsarbeitsanstalt«[17] ausgeworfen. Die Anstalt war indessen nie zur Entstehung gelangt. Diese Gelder, zu einer beträchtlichen Summe angewachsen, werden 1818 zum Bau eines Zwangsarbeitshauses in Eisenach bestimmt und auch wirklich verwendet. 1821 sind die Bauarbeiten soweit vollendet, daß die neue Anstalt bezogen werden kann, doch wird dies zunächst noch verhindert, da vorerst die Frage der Unterhaltung des neuen Instituts geregelt sein muß[18]. Die wirkliche Eröffnung »als Zwangsarbeits- und Besserungsanstalt«, erfolgt erst am Ende des Jahres 1825[19].

Sie bietet die Möglichkeit, gegen 50 Personen in die neue Anstalt aufzunehmen. Gedacht ist hierbei an alle diejenigen, deren bisherige Unterbringung in den beiden Zuchthäusern nicht befriedigte, zunächst allerdings noch mit der Einschränkung, daß die drei größeren Städte Weimar, Eisenach und Jena besonders berücksichtigt werden sollen. Man hofft, »daß in der Anstalt mutwillige Bettler und Vagabunden durch Gewöhnung und Unterricht geneigt und fähig gemacht werden sollen, sich durch produktive Arbeit selbständig zu unterhalten«[20]. Durch Gewöhnung an Arbeit, zuerst innerhalb des Hauses, wo der einzelne vor allem mit Wollkämmen beschäftigt wird, später durch zeitweise Abgabe, zuletzt

---

[15]) Vgl. die vorhergehende Darstellung u. im einzelnen B. 2366 u. B. 2395.

[16]) Landtagsverhandlungen 1821, 323ff.

[17]) B. 2366.

[18]) B. 2395.

[19]) B. 2401, diese auch im folgenden.

[20]) B. 2395, Ber. vom 4. Dezember 1821.

allein durch die Verpflichtung zur Rückkehr soll der einzelne wieder als nützliches Mitglied der menschlichen Gesellschaft zugeführt werden. Die Erreichung dieses Zwecks begrenzt seinen Aufenthalt. Bei der Leitung der Anstalt, die unter der Aufsicht eines besonderen Kuratoriums durch einen Hausvogt besorgt wird, soll neben strengster Ordnung und größter Reinlichkeit möglichste Rücksicht auf die Individualität der Insassen genommen und ihrer Behandlung zugrundegelegt werden[21]).

Noch einem weiteren dringenden Bedürfnis hilft die neue Einrichtung ab: Die Lage der aus den Strafanstalten Entlassenen hat sich in keiner Beziehung gebessert. Sie ist die gleiche geblieben, wie sie oben geschildert wurde[22]). Noch immer mangelt den aus dem Zuchthaus Entlassenen jeglicher Lebensunterhalt, noch immer haben sie mit dem Vorurteile ihrer Mitmenschen zu kämpfen. Ihre traurige Lage treibt sie notwendig zu neuen Verbrechen. Wohl hat es nicht an Vorschlägen gefehlt, ihre Lage zu verbessern. Man hat daran gedacht, ihnen Beschäftigung bei öffentlichen Arbeiten zu verschaffen und so Verdienst und Lebensunterhalt zu geben[23]). Zu einer Besserung der bestehenden Verhältnisse kommt es jedoch erst jetzt bei der Errichtung der Eisenacher Zwangsarbeits- und Besserungsanstalt. Sie ist neben der Unterbringung der Polizeisträflinge auch für entlassene Züchtlinge bestimmt, die bei ihrer Entlassung kein Unterkommen und keine Arbeit finden oder solche nicht nachweisen können.

Zunächst sind in der Eisenacher Zwangsarbeits- und Besserungsanstalt Männer und Frauen, jedoch streng voneinander getrennt, untergebracht. Doch schon im Jahre 1826 wird für die weiblichen Insassen ein besonderes Haus in Weimar als Unterbringungsort eingerichtet[24]). Ermöglicht wird diese Trennung dadurch, daß das Jenaer Arbeitshaus schon seit Jahren eingegangen war, die für dieses bestimmten Gelder aber weiter gezahlt wurden. Das Kapital, welches sich in der Zwischenzeit angesammelt hat, wird

[21]) Ein besonderes Regulativ, das die Besetzung, Behandlung u. a. regelt, wird zwar vorgeschlagen, aber im Hinblick auf den Zusammenhang mit der Armengesetzgebung und deren Aussetzung durch den Landtag nicht genehmigt. Auch später kommt es nicht zu einem derartigen Regulativ; es genüge, meint man, wenn der Zweck der Anstalt im Auge behalten werde. B. 2401.

[22]) Seite 58 f. Zu dem ganzen B. 2377 a.

[23]) Zunächst 1814 und zuletzt noch im August des Jahres 1825. B. 2377a u. B. 2391t. Bemerkenswert ist die Anregung des Weimarer Kriminalrats Schwabe, einen Fürsorgefond zu bilden, eine Anregung, die durch die 1829 erfolgte Gründung des Vereins für Entlassenenfürsorge verwirklicht wird. (B. 2405).

[24]) B. 2401.

jetzt zur Absonderung der Weiber verwandt. Damit findet das Jenaer Arbeitshaus auch formell sein Ende. Der Zweck und die Einrichtung der Weimarer Anstalt sind dieselben, wie in Eisenach. Auch hier sollen die Insassen unter möglichster Berücksichtigung ihrer Individualität behandelt werden, auch hier ist der Aufenthalt durch die Zweckerfüllung begrenzt. Jedoch kann, solange die Anstalt nicht überfüllt ist — als Höchstzahl sind zunächst 15 Personen festgesetzt, es besteht jedoch die Möglichkeit, 25 bis 30 Weiber unterzubringen —, ein weiteres Verbleiben gestattet werden. Die Insassen werden vor allem mit Waschen beschäftigt, außerdem mit Stricken und Spinnen, Garten- und Feldarbeiten. Es gibt verschiedene Klassen. Nach der Einstufung richtet sich die Art der Kost und der Beschäftigung und der Verdienstanteil; eine Versetzung in eine niedere Klasse kann als Strafe in Frage kommen[25]). Zweck ist auch hier die allmähliche Gewöhnung an Ordnung und Arbeitsamkeit sowie die allmähliche Zurückführung in die menschliche Gesellschaft. — —

Mit der Errichtung der beiden Zwangsarbeits- und Besserungsanstalten ist die Reform des Strafvollzugs wie überhaupt der gesamten Strafrechtspflege in Sachsen-Weimar-Eisenach unter Carl August beendet: Das Zuchthaus in Weimar dient jetzt der Unterbringung solcher Verbrecher, die zu lebenslänglicher oder doch langjähriger Detention verurteilt sind. Die leichteren Verbrecher werden im Eisenacher Strafarbeitshaus untergebracht, die beiden Zwangsarbeitshäuser stehen für die Polizeisträflinge zur Verfügung. Hiermit ist den Anforderungen des vergrößerten Staatsgebietes nach Möglichkeit Rechnung getragen, die weitmöglichste Trennung ist durchgeführt und die Möglichkeit einer Graduation in den einzelnen Anstalten geschaffen[26]). Jetzt kann auch die Besserung der eingelieferten Personen erfolgversprechend durchgeführt werden. Sie zu erreichen, darauf wird die Behandlung der Zucht-, Straf- und Zwangsarbeitshäusler in der Folgezeit abgestellt: Zu ihrer moralischen Besserung denkt man an die Anstellung eines besonderen Geistlichen[27]), ist zugleich aber der Überzeugung, daß dieses Amt, welches bisher lediglich als Durchgangsstelle für junge Theologen aufgefaßt worden war, nur einem besonders geeigneten Manne anvertraut werden könne, der sich der Gefangenenfürsorge längere Zeit »in dem

[25]) B. 2404a.

[26]) Einen abschließenden Überblick geben die Landtagsverhandlungen des Jahres 1826, s. dort Seite 326ff.

[27]) Landtagsverhandlungen 1826, S. 122 und 326ff.

Gefühle eines inneren Berufes hingegeben habe«[28]). Auf die Besserung der Sträflinge zielt es ebenso ab, wenn jetzt neben der religiösen und moralischen auch auf die intellektuelle Bildung der Deternierten geachtet und ihnen Unterricht im Lesen, Schreiben und Rechnen erteilt wird. Besonders gute Ergebnisse zeitigt dieser neue Zug in dem Weimarer Zwangsarbeitshaus. Die Berichte ergeben, daß hier durch wirkliche Belehrung der Insassen, besonders auch bei den Jugendlichen, die besten Ergebnisse erzielt werden: »Die guten Wirkungen der religiösen Belehrung und der moralischen Pflege, verbunden mit dem Anhalten zu fortgesetzter Arbeit und mit dem Gewöhnen an strenge Ordnung, werden dem Zweck der Anstalt immer förderlicher«[29]).

1826 sucht der Landtag noch einmal die Entwicklung des Strafanstaltswesens in andere Bahnen zu lenken. Mit der Begründung, daß sich die Kosten der Kriminalrechtspflege von Jahr zu Jahr erhöhten, die Zahl der Verbrechen jedoch keineswegs abnehme, und unter dem Hinweis, daß die eigentliche Ursache im Mangel an Arbeit und Geld liege sowie in der Unmöglichkeit für diejenigen, die aus der Strafanstalt entlassen seien, einen anderen als den Weg des Verbrechens zu begehen, sieht er die Lösung aus dieser »Schraube ohne Ende«[30]) in einer Deportation der Sträflinge in Länder, die reichere Arbeitsgelegenheiten gewährten. Dadurch werde das eigene Land von diesen zwangsläufig auf den Weg des Verbrechens gewiesenen Menschen frei. Weil die Deportation nicht als Strafe im Bayrischen Strafgesetzbuch und im Entwurf des allgemeinen Teils vorgesehen sei, vor allem aber auch die leichteren Verbrecher nicht sogleich aus der bürgerlichen Gesellschaft für immer entfernt werden dürften, geht das Ministerium indessen über den Antrag hinweg. Jedoch werden in Preußen und in Mecklenburg über die dort mit Rußland bzw. Brasilien abgeschlossenen Verträge Erkundigungen eingeholt[31]). Das Scheitern dieser Abmachungen zeigt aber auch für Sachsen-Weimar-Eisenach die Unmöglichkeit, derartige Wege zu beschreiten.

---

[28]) Ebenda: Dekret vom 5. Mai 1826.

[29]) B. 2413.

[30]) Landtagsverhandlungen 1826, S. 77. Diese und B. 2405 vgl. auch zu dem ganzen.

[31]) In Preußen kam ein mit Kaiser Paul von Rußland abgeschlossener Vertrag zur Ausführung. Indessen gelang es doch mehreren der nach Sibirien Deportierten wieder nach Preußen zurückzugelangen. Weitere Versuche scheiterten an dem Widerstand Kaiser Alexanders. B. 2405 u. Stölzel: Verwaltung S. 58, 352 ff., Holtze a. a. O. IV., 88 und Bornhak a. a. O. 72. — Insoweit ist die Hartung'sche Darstellung a. a. O. 380 nicht völlig richtig.

FSC
www.fsc.org
MIX
Papier | Fördert gute Waldnutzung
FSC® C083411

Kolibri 360 GmbH
Ferdinand-Jühlke-Straße 7
99095 Erfurt, Deutschland
produktsicherheit@kolibri360.de